Desarrollo de Software Lean

Evita los Contratiempos del Proyecto:
Una guía más allá de lo Básico

por

Gary Metcalfe

TABLA DE CONTENIDOS

Introducción

———————◆———————

Felicitaciones por la compra de Lean Software Development y gracias Los dos términos "lean" y "Agile" se han usado con mayor frecuencia en referencia a metodologías de desarrollo de software, estilos organizativos y gestión de proyectos.

Bueno, ¿alguna vez te encuentras confundiendo a los dos? O tal vez haciéndose preguntas como ¿qué es lean? ¿Qué es ágil? ¿En qué se diferencian? Según el Diccionario Merriam-Webster, ágil se define como "poseer un carácter rápido, ingenioso y adaptable, o identificado con la capacidad de moverse rápidamente".

Por otro lado, lean (magro en español) se define como "delgado y saludable o que tiene poca o ninguna grasa". Dependiendo de las siguientes definiciones, puede suponer que un individuo que es magro y otro que es ágil tiene muchas características compartidas. Lo mismo ocurre en el caso del desarrollo de software.

Hoy en día, hay una confusión creciente de lo que es magro y lo que es ágil. Las discusiones en todas partes continúan y algunos desean saber si es lo mismo y cuál se debe aplicar.

Brevemente, tanto Lean como Agile surgieron debido a los muchos problemas que tenía el modelo Waterfall. Los ingenieros y desarrolladores de software comenzaron a notar algunas de las deficiencias del modelo Waterfall en los años 90. Con el aumento de la dinámica en los mercados y los usuarios expertos en tecnología, el modelo Waterfall no fue capaz de cumplir con las demandas del mercado, de ofrecer un software sin errores de forma regular.

Como resultado de la búsqueda de un mejor modelo, los creadores Lean y Agile se enfocaron en construir una metodología que esté más centrada en el cliente. Este libro comienza con un fondo de desarrollo de software Lean. Se analizará el origen, los valores y los principios de Lean. Los siguientes capítulos explorarán en profundidad el concepto de Lean y cómo puede ser útil en el desarrollo de software.

Capítulo 1

Antecedentes del desarrollo de software lean

L ean se originó a partir del método de fabricación de automóviles de Toyota. El principio detrás del método de fabricación de automóviles de Toyota se aplica actualmente en el mundo. Siempre y cuando apliques los principios correctamente, seguramente lo lograrás. Todos los principios son universales, aunque las prácticas específicas pueden ser diferentes. Los principios Lean son constantes y no pueden cambiar sin importar el tiempo. Sin embargo, las prácticas Lean deben ser diferentes a medida que el entorno cambia de un lugar a otro.

Los principios que impulsan a Lean se pueden utilizar en la industria del desarrollo de software. Esto proporciona un medio para aquellos desarrolladores que desean crear mejores productos de software. Dado que los principios Lean tienen prácticas similares a las ágiles, este capítulo tratará sobre Lean dependiendo de las prácticas ágiles. Esto le permitirá ver cómo las prácticas ágiles pueden ser un modelo de los principios Lean. Los principios Lean muestran cómo las cosas diferentes se comparan con cómo funcionan las prácticas ágiles normales. Una vez que haga ciertas cosas explícitas, los expertos en agile tienen la capacidad de mejorar los métodos.

Lean se utiliza en muchos niveles diferentes de la organización

Una empresa incluye todas las partes de una organización que contribuyen al flujo de valor del producto o servicio. En una compañía de TI, esto puede incluir tanto la sección de negocios como la de TI, mientras que en una compañía de productos, esto puede incluir marketing, ventas, desarrollo y soporte.

Las empresas en Lean requieren una rápida coordinación de negocios, equipos de entrega y administración para asegurarse de que se entrega un mejor producto. Además, este producto debe basarse en las prioridades de la empresa.

Rápida inmersión de principios lean

Las ideas principales de Lean se basan en las siguientes consideraciones:

- Cuando hay muchos errores y el sistema de desarrollo debe mejorarse.

4

- Hacer las cosas temprano puede generar desperdicio.

- Los principios de Lean requieren que un individuo se concentre en acortar el tiempo de comercialización eliminando los retrasos encontrados en el proceso de desarrollo utilizando métodos Just-In-Time.

- Respetar a las personas para mejorar el sistema.

Estos son principios importantes porque todo debe partir de cualquiera de ellos.

Identifique las fuentes de errores en su sistema

Para muchas personas, cuando las cosas no van bien, la respuesta habitual es identificar a quién culpar. Tomemos, por ejemplo, si ocurre un accidente de avión, la gente siempre querrá saber quién tuvo la culpa. ¿Fue culpa del piloto o de la aerolínea? ¿O fue el error del fabricante del avión? Bueno, no es bueno buscar a alguien a quien culpar.

En el desarrollo de software, digamos que desea escribir una característica de un sistema existente. Se le proporcionará un documento preparado por un analista. Este documento contiene todas las funciones que necesita para construir. Esto significa que, como desarrollador, no tiene oportunidad de interrogar a una persona que podría estar usando el software para entender algo más sobre el software. Tu función es escribir el código y probarlo. Una vez que haya terminado con las pruebas, las nuevas funciones se entregan al cliente para que las vea y envíe sus comentarios. Además, el cliente tiene el derecho de rechazar las nuevas funciones si no está satisfecho.

Supongamos que un cliente rechaza las nuevas características. ¿Quién será la persona adecuada para culpar? ¿Culpas al cliente por no ser claro? ¿O el analista por no haber escrito un gran documento? ¿O culpas al probador por no haberlo probado correctamente? Si reflexiona cuidadosamente sobre esta incidencia, debería notar que no hay nadie a quien culpar.

A pesar de esto, la fuente del problema radica en todos los miembros del equipo del proyecto. A partir de este ejemplo, puede ver que cada individuo parece trabajar por separado en un rol particular. Esto significa que no hay espacio para los bucles de retroalimentación.

Una metodología ágil apoya la colaboración en equipo. Para este caso, el cliente, el desarrollador, el analista y el probador se reúnen en un lugar central para expandir las necesidades del cliente. Es un sistema mejor porque una vez que se identifican los errores, el equipo comienza a buscar formas de corregirlos y mejorar el proceso de comunicación.

Mejorar el estado de la comunicación es el objetivo principal del desarrollo ágil. Desafortunadamente, las prácticas ágiles van mal cuando se enfatiza demasiado la comunicación en el nivel más bajo entre los equipos y el cliente. Por otro lado, las prácticas Lean permiten la difusión de la comunicación en muchos entornos diferentes al centrar la comunicación en el valor de extremo a extremo. Esto proporciona una base similar para cada individuo involucrado. Como resultado, es posible que diferentes capas de organización trabajen juntas, con el objetivo principal de la mejora continua de los procesos y la entrega temprana. El pensamiento lean apoyará la eliminación de desperdicios y retrasos.

Mostrar respeto a las personas

Si se toma el tiempo para interactuar con la metodología Lean, con frecuencia se encontrará con las palabras "respetar a las personas". Estas palabras son simples pero tienen una lección moral que todos deben aprender.

Una empresa puede no respetar a sus empleados, pero aún así tener éxito. Hay algunas organizaciones que pueden tratar a sus trabajadores y clientes sin ningún respeto, pero que siguen siendo rentables. Sin embargo, la verdad es que mostrar respeto no es solo una responsabilidad del negocio, sino que es una gran cosa.

Puede mirar alrededor de Internet y descubrirá que muchos estudios muestran que el respeto es importante. Todas las compañías que aparecen en la revista Fortune tienen una forma de trabajar que respeta a sus empleados. La lección más importante es que si muestras respeto a las personas, siempre habrá una recompensa. Descansará sintiéndose rejuvenecido porque mejoró la vida de los demás.

El respeto es la razón por la cual la flexibilidad de la gerencia y los empleados atrae a personas exitosas. En el desarrollo de software, el respeto involucra a los equipos que se respetan mutuamente, además de seguir siendo responsable de las tareas que deben realizar. Además, el respeto por las personas y la responsabilidad ante los procesos que deben seguir es lo que les ayuda a desarrollar un mejor software. En otras palabras, un proceso en el desarrollo de software es la base principal por la cual un equipo puede construir el mejor software.

Desafortunadamente, aunque la aplicación precisa del término "respeto por las personas" puede ser menos perfecta. Los líderes tienen la oportunidad de experimentar menos presión que los hace decidir priorizar las ganancias a corto plazo. O tal vez no entiendan realmente un mejor medio para hacer negocios.

Afortunadamente, la presencia de un sistema de mejora continua ha demostrado ser la mejor manera de construir una cultura que respete las contribuciones de los equipos y fortalezca a las organizaciones.

Limitar la complejidad y el trabajo

Una cosa que está clara en la mente de todos los desarrolladores es limitar la complejidad del trabajo y evitar cualquier nuevo trabajo. La claridad requiere que sepas cómo eliminar el desperdicio. Aunque es difícil ignorar completamente el retrabajo y evitar la complejidad, los principios de Lean pueden ayudar a limitar la complejidad.

Eliminación de residuos

Es el objetivo principal de cualquier experto Lean. En la industria del software, el desperdicio es un código que es muy complejo de lo que debería ser. Los residuos aparecen debido a defectos en un código fuente. Es un esfuerzo que no agrega ningún valor al producto.

Cada vez que se produce un desperdicio en el sistema, es el rol del desarrollador Lean buscar en el sistema una forma de eliminar el desperdicio. La eliminación de residuos es la solución permanente. Si no elimina el desperdicio, el error en el sistema volverá a ocurrir de manera diferente hasta ese momento cuando arregle el sistema que lo generó.

Compromiso diferido

Para diferir el compromiso es tomar las decisiones correctas en el momento adecuado. En la mayoría de los casos, estas decisiones se toman en el "último momento responsable". No caiga en la trampa y tome decisiones tempranas cuando no tenga todos los recursos o información. Del mismo modo, no espere demasiado tiempo y tome las decisiones muy tarde, ya que esto aumentará las posibilidades de obtener costos más altos.

El aplazamiento del compromiso es una forma proactiva de planificar un proceso para evitar tomar decisiones que requieran que usted cambie más adelante después de obtener información adicional. Puede elegir aplicar este principio durante el análisis, diseño del sistema y desarrollo.

Aplazar el compromiso con los requisitos y el análisis

Muchas personas piensan que el compromiso es tomar una decisión o tomar una acción. Bueno, hay algo más en el compromiso que eso y vas a aprender aquí. Primero, el compromiso es también la cantidad de tiempo que pasaste haciendo una cosa en particular. Una vez que gastó su tiempo para corregir un error, no puede revisar ese tiempo, se ha ido para siempre.

Por lo tanto, al reunir los requisitos de software, una pregunta importante es preguntarse qué tan bien puede pasar ese tiempo. ¿Es lo suficientemente digno de discutir todo con el cliente? Si puede responder estas preguntas, entonces estará en el camino correcto. Por supuesto, hay ciertos requisitos que no necesita discutir con sus clientes. Algunos son más importantes que otros.

Por eso se recomienda comenzar con los requisitos que ocupan un lugar más alto en la escala y que brindan muchas funciones a la empresa.

Algunos de los requisitos que pueden ser importantes para una empresa incluyen aquellos que ofrecen un mejor valor al cliente. El enfoque ágil gestiona esto realizando un análisis profundo de los requisitos que los clientes pueden pensar que es importante. Es por esto que el desarrollo iterativo es crítico en las prácticas ágiles. Un desarrollo iterativo ayudará a una persona a ver los diferentes tipos de riesgo que puede causar un requisito dado en caso de que sea ignorado.

Aplazar el compromiso en diseño y programación

Sin embargo, cuando los diseñadores encuentran problemas de diseño, siempre seleccionan uno o dos enfoques, pero no están seguros. Una forma es seleccionando las cosas más fáciles sin preocuparse por los requisitos futuros. Otra forma es anticipar algunas de las cosas que podrían suceder e instalar ganchos en el sistema para responsabilidades específicas.

De cualquier manera, hay desafíos. El primer enfoque conducirá a un tipo de código que es difícil de cambiar. Esto sucede porque es difícil considerar la naturaleza dinámica del código cuando lo escribes. Por otro lado, el segundo enfoque generará que sea más complejo. Esto es cierto porque los desarrolladores de software no tienen tiempo para predecir cómo será el futuro. Por lo tanto, si tienen cierta anticipación sobre cómo podría funcionar un sistema específico en el futuro, instalan enganches que parecen agregar complejidad al sistema.

Un enfoque más diferente a estos dos enfoques se denomina "diseño emergente". El diseño emergente en la industria del software requiere tres tipos de disciplinas:

- Limite la implementación de patrones de diseño solo a las características actuales.

- Utilice el proceso de pensamiento de los patrones de diseño para construir una arquitectura de aplicación que sea flexible y resistente.

- Escribir aceptación automática.

Si aplica los patrones de diseño estándar en la industria del software, su código se vuelve fácil de cambiar. Si puede limitar el código que escribe a lo que quiere actualmente, reducirá la complejidad de su código. Una prueba automatizada cambiará el diseño y lo hará aún mejor. Si pone en consideración todos los aspectos del diseño emergente, sabrá cómo diferir el compromiso de una implementación específica hasta el momento en que piense en lo que debe hacer.

Uso del desarrollo iterativo para limitar la complejidad y el trabajo

Las causas más populares de complejidad incluyen:

- Escribir código que no es necesario.

- Escribir un código estrechamente acoplado.

El desarrollo iterativo ayuda a un desarrollador a escribir solo código útil. En otras palabras, el enfoque del desarrollo iterativo es ayudar a un desarrollador a identificar lo que quiere el cliente y evitar crear cosas que no agreguen valor al cliente. El diseño emergente es genial para desacoplar el código sin tener ninguna complejidad en el proceso.

Crear conocimiento

El conocimiento es importante en un proceso ágil. El conocimiento se crea paso a paso en procesos ágiles para ayudar a descubrir exactamente lo que el cliente desea crear o crear. Una vez que haya hecho eso, podrá entregar un valor rápido y evitar producir cosas que tengan un valor más bajo. El desarrollo de software es como un viaje de autodescubrimiento que un proceso de construcción. El software en sí mismo tiene un valor mínimo. Sin embargo, el valor viene a través del tipo de productos y servicios entregados. Por lo tanto, es mejor pensar en el desarrollo de software como un medio por el cual usted desarrolla un producto. En resumen, consiste en un conjunto de actividades que puede utilizar para descubrir y producir productos que se adapten a las necesidades de los clientes.

Si lo considera de esta manera, está claro que el propósito del software en las organizaciones de TI es apoyar los productos y servicios de una empresa. Para las compañías de software, el software existe como una forma de impulsar el trabajo y las necesidades de los clientes. El software es el camino que lleva a su fin. El final describe el tipo de valor que agrega al cliente. Esto puede ser directo o indirecto. Por esa razón, debe considerar el desarrollo de software como un paso en el desarrollo de productos.

El desarrollo del producto presenta estos tres pasos:

1. Descubrir las necesidades del cliente.

2. Determine cómo construirlo.

3. construirlo

En el desarrollo de software, el tiempo se gasta en la tercera etapa. Sin embargo, los dos primeros pasos llevan más tiempo. Supongamos que ha terminado con un proyecto de desarrollo de software, entonces sucede algo que hace que pierda todo su código fuente. En caso de que quiera volver a construir el mismo sistema, ¿cuánto tiempo le puede llevar eso? Algunos desarrolladores pueden decir que les puede llevar de 20 a 50 por ciento del tiempo anterior. Bueno, entonces una buena pregunta es ¿qué es lo que hiciste en el otro 50 o 80 por ciento del tiempo?

La verdad es que pasó este tiempo en un intento de averiguar las necesidades del cliente y determinar cómo puede construirlo.

Crear conocimiento requiere que domines cada proceso que usaste para construir el software. Una vez que domines los métodos, no hay problema en cómo mejorarlo.

Entregar temprano y regularmente

Si desea impresionar a un cliente y ganar sus corazones, entonces el secreto está en la entrega temprana. La entrega temprana significa que hay una mejor penetración en el mercado, una profunda credibilidad del negocio y fuertes regalías. Además, esto genera ingresos anticipados para respaldar la versión inicial del producto para pagar el desarrollo posterior.

Este principio magro también se llama "entrega rápida". Sin embargo, está bien que lo piense como una forma de eliminar los retrasos. Si no lo sabía, los retrasos son un tipo de desperdicio. Esto significa que una vez que elimine las demoras en su sistema, comenzará a entregar de inmediato a todos sus clientes. A pesar de esto, no olvide que el objetivo principal es producir un mejor valor para el cliente. El mejor valor es uno que no tiene retrasos en absoluto. Por lo tanto, si puede eliminar cualquier retraso, todo se moverá más rápido. Incluso tus clientes comenzarán a sonreír. Si bien hay grandes beneficios que se obtienen cuando entrega un producto o servicio rápidamente, se recomienda hacerlo de una manera sostenible.

Calidad de construcción

Siempre es difícil mantener las marcas o los estándares de desarrollo. De hecho, las compañías de software que continúan prosperando debido a la calidad de su servicio y producto ponen mucho esfuerzo. Todos los empleados están capacitados para cumplir con los mejores estándares que se han establecido. Por lo tanto, para reflejar los mismos estándares en su empresa u organización, primero deberá capacitar a sus equipos de manera rigurosa para aprender cómo aplicar la calidad en el código que escriben.

Una vez que los estándares de calidad se implementan en un proceso, resulta fácil identificar los desechos y eliminarlos del proceso. Una forma de lograr esto es realizando pruebas de aceptación antes de escribir el código. Estos tipos de pruebas son importantes porque le permiten al desarrollador obtener información sobre la función del sistema y los requisitos que deben implementarse.

Además, puede mejorar la calidad del código aplicando métodos de eliminación de residuos. Muchos desarrolladores se toman el tiempo para descubrir cómo corregir errores informados por los clientes. Sin pruebas automatizadas, surgirán errores. Un código mal escrito es difícil de entender y lleva a la pérdida.

Optimizar el todo

Uno de los principales cambios en el pensamiento Lean es olvidar la creencia de que necesita optimizar cada paso. Sin embargo, si su objetivo es aumentar la eficiencia del proceso de producción, debe concentrarse en mejorar el valor desde el inicio del ciclo de producción hasta el final. Por lo tanto, si solo aumenta la eficiencia de cada máquina, no mejorará la eficiencia de todo el flujo de producción.

El problema que viene con la optimización de cada paso es que produce grandes inventarios entre cada paso. En la industria del software, los "inventarios" representan trabajos que se han realizado parcialmente. Este tipo de trabajo aún no se ha diseñado, codificado o incluso probado.

Sin embargo, Lean ha demostrado que una sola pieza de flujo es más efectiva que concentrarse en terminar las cosas rápidamente. Los inventarios tratarán los errores encontrados en el proceso. En el mundo físico, esto está representado por errores de construcción. En un entorno de software, esto puede lidiar con un malentendido que existe con el cliente, o errores de integración, pero no con cualquier otra cosa.

El flujo rápido-flexible

El objetivo del lean es optimizar el conjunto. Esto está bien resumido por las palabras "flujo rápido-flexible". Esto requiere que adopte una idea en la línea de desarrollo y la canalice hacia el cliente rápidamente. Cuando elimina los desafíos encontrados en este tipo de flujo, mejora todo el proceso. Recuerde, es el propósito detrás de la práctica ágil de crear una sola historia a la vez. Requiere que usted tenga un código personalizado, diseño y prueba realizados hacia el final de cada iteración. Es algo así como: "Esto es lo que he hecho, esto es lo que voy a hacer, y estos son mis desafíos".

Concentrarse en el tiempo

Para producir cualquier artículo en gran cantidad, entonces tiene que invertir mucho en la máquina. A pesar de esto, Lean se preocupa más a tiempo en lugar de qué tan bien está usando los recursos. Lean requiere que todos limiten el tiempo necesario para pasar de una sola idea a algo sustancial. De hecho, Lean recomienda que uno se mueva más rápido al mejorar la eficiencia del proceso. Esto hará que los costos bajen porque hay una mejor calidad con

pocos errores y un mínimo desperdicio. Desafortunadamente, si se concentra tanto en reducir costos, no aumentará la calidad ni la velocidad.

Cuando se trata de Lean, el objetivo es reducir el desperdicio de demoras en el desarrollo de software. Ejemplos de retrasos populares incluyen:

- El intervalo entre cuando se define un requisito hasta que se verifica que es correcto.

- El tiempo entre cuando se escribe un código hasta que se prueba.

- El tiempo que tarda un cliente en responder al analista o desarrollador.

Todos estos retrasos son una forma de desperdicio. Es un tipo de desperdicio que ocurre cuando algo malo se multiplica a medida que aumenta la demora. Cuando tenga en cuenta todos estos retrasos, comenzará a ver que la razón por la cual los recursos se utilizan es un enfoque equivocado.

Muchas personas trabajan en múltiples proyectos simultáneamente, ya sea porque están esperando otros recursos o información. Por ejemplo, si un desarrollador envía un correo electrónico a un analista y espera una respuesta, es probable que el desarrollador tenga otro proyecto a mano para trabajar. Esta es una de las causas por las que los desarrolladores trabajan en muchos proyectos al mismo tiempo. La multitarea es un proceso difícil porque causa retrasos en la comunicación y la finalización de las tareas a tiempo.

En la industria manufacturera, Lean proporciona una solución a este problema al crear celdas de trabajo que controlan el proceso individual y mantienen su trabajo al extraer una cola de actividades priorizadas.

Reflexiones sobre Just-in-time (JIT)

En un modelo de software tradicional, primero debe seleccionar todos los requisitos y comenzar a desarrollar cada requisito paso a paso. Todos los recursos que los equipos necesitan están disponibles en diferentes etapas. Ya que construirá muchas cosas a la vez, es importante hacer un gran esfuerzo y determinar qué es lo que debe hacer antes de comenzar el proceso de fabricación. Para un JIT, se supone que debe ocuparse de los elementos que necesita y solo antes de que se soliciten. Esto se asemeja a la práctica ágil de seleccionar una historia y hacer un análisis justo antes de que se desarrolle.

Si puede trabajar en pequeños pasos, el JIT en la industria del software brindará la capacidad de cambiar la dirección antes de que finalice cada energía en el proceso. Una de las principales cosas de la fabricación Lean es limitar el proceso de trabajo. Los métodos ágiles se enfocan en esto también.

En general, si desea realizar un JIT fácil, entonces debe asegurarse de tener un proceso de tasa de error bajo y sin problemas. Este tipo de requisito asegura que, si hay algún defecto en el proceso, sea fácil de notar.

El enfoque justo a tiempo tiene muchas otras ventajas. Además de revelar problemas en los procesos, también muestra los problemas que existen en la producción. Por ejemplo, en la producción en masa, muchos errores se identifican solo en las etapas finales de producción. Si hay un inventario enorme entre pasos, se deberá producir un inventario incorrecto antes de que pueda identificar cualquier error. En un entorno de software, un retraso en la detección de un error puede resultar en un esfuerzo inútil para desarrollar y probar un código. Además, esto se suma a la complejidad del sistema, incluso si no crea ningún valor para el cliente.

Esencialmente, si puede implementar un código completo para un cliente y en porciones pequeñas, es posible obtener comentarios y determinar si está creando algo valioso. En resumen, JIT actúa como una guía en el desarrollo de software. Piense en las prácticas ágiles como un tipo de principio JIT. No es necesario analizar una historia completamente antes de construirla. Es importante primero analizar, diseñar, escribir código y realizar pruebas antes de cada etapa, esto le ayudará a descubrir los desafíos que existen en el proceso. El enfoque justo a tiempo crea el tiempo para construir cosas en pequeños pasos y apoya la idea de una retroalimentación rápida del cliente.

Mapeo de flujo de valor

Estas son un conjunto de acciones que agregan valor a un cliente. La adición de valor comienza desde el momento en que se realizó la primera solicitud hasta el último punto en que se entregó. El flujo de valor comienza con la idea original, se mueve a través de diferentes estados y llega a la entrega final.

El mapa de un flujo de valor incluye una herramienta Lean que los expertos seleccionan para aplicar en el flujo de valor. El mapeo de un flujo de valor se realiza utilizando diferentes imágenes para mostrar los flujos de proceso y usarlo para buscar desechos. El objetivo es mejorar el tiempo total de principio a fin de todo el flujo mientras mantiene el ritmo futuro.

Uno de los beneficios clave de un mapa de flujo de valor es que describe la imagen completa. Muchos usuarios de Agile se centran en elevar el estado de rendimiento del equipo. Pero en muchos casos, el equipo puede no desencadenar el desarrollo de desafíos, incluso cuando lo parece.

El mapa de un flujo de valor muestra cómo se puede optimizar con éxito el conjunto, detectando el desperdicio y otros factores que pueden afectar la calidad y demorar la entrega.

Capítulo 2

Creación de valor
y tipos de residuos

―――――◆―――――

En la industria lean, el valor de un producto depende de lo que el cliente quiere y está listo para cobrar. Las operaciones en producciones se clasifican en las siguientes tres actividades:

- Actividades de valor añadido.

- Necesario sin valor agregado.

- No hay actividades de valor añadido.

Las actividades de valor agregado cambian el tipo de producto que el cliente desea. La fabricación es un cambio físico de un producto que garantiza que se cumplan las expectativas de un cliente. La manufactura esbelta identificará los residuos encontrados en una actividad de valor agregado. Lo más importante es que limitará las actividades puras no agregadas que tienen un gran efecto en el tiempo de entrega. Esto demuestra que Lean elimina el desperdicio y optimiza las actividades que producen valor desde la perspectiva del cliente. Como resultado, la eliminación de desechos es el principio básico de la manufactura Lean.

Tipos de residuos

Los "siete desechos" se encuentran entre las frases de mejora continua más significativas que escuchará todo el tiempo. La mayoría de las herramientas lean, en su punto clave, se concentran en eliminar el desperdicio para mejorar el flujo.

Hay siete desechos que identifica Lean manufacturing. Estos desechos describen un procedimiento sistemático para clasificar problemas y resaltar áreas que necesitan mejoras. Cuando esté inspeccionando un proceso, buscar los siete desechos permitirá a los equipos Lean encontrar más oportunidades que puedan utilizar para agilizar el flujo de trabajo.

Los 7 residuos

- Defectos

- movimiento

- Exceso de procesamiento

- Esperando

- Sobreproducción

- Transporte

- Inventario excesivo

Taiichi Ohno es acreditado como el padre de Lean. Él identificó la sobreproducción como el peor de todos los 7 desechos. Ahora, hay un desperdicio adicional que debe agregarse a los siete desperdicios originales. Este octavo desperdicio se conoce como creatividad. No se deje llevar por la clasificación del tipo de residuo que es. No importa a qué tipo lo asignes. Si algo es Muda, quítalo, tanto como sea posible.

En la cultura Lean, el desperdicio se define como algo que no agrega valor. Tenga en cuenta que el término desperdicio a menudo se usa indistintamente con la palabra japonesa Muda, pero más precisamente, Muda se refiere a "actividad derrochadora". De alguna manera está relacionado con el término mura que significa variación o inconsistencia.

Estos 7 tipos de desechos fueron elegidos para formar parte del Sistema de Producción Toyota. Sin embargo, han sido ampliamente utilizados por diferentes expertos en Lean.

1. Sobreproducción

Si produce más productos de los que puede manejar o incluso produce algo antes de lo que se necesitaba, entonces eso se considera sobreproducción. Es una forma de desperdicio porque va a aumentar el riesgo de producir un artículo equivocado y venderlo con un descuento. Sin embargo, hay situaciones en las que los fabricantes Lean pueden manejar más productos de productos semiacabados.

La sobreproducción está clasificada como el peor tipo de desperdicio porque afecta el flujo uniforme de bienes y también afecta la calidad de los productos. Además, afecta a la calidad y productividad. Debido a que es difícil detectar los problemas en una etapa temprana, los productos pueden depreciarse en calidad y es posible que la tasa no se genere. Además, esto puede causar más trabajo en el proceso que podría llevar a una interrupción física de las actividades. Otros efectos de la sobreproducción incluyen equipos adicionales, existencias de inventario, flujo de trabajo desequilibrado, procesamiento por lotes, espacio extra en el piso y problemas ocultos.

2. Defectos

Además de los defectos físicos que afectan los precios de los bienes vendidos, también pueden ocurrir errores en el papeleo, la entrega tardía y el uso de muchas materias primas en el proceso de producción. Defectos requieren uno para realizar un reproceso. Si no, el producto es eliminado. Producir productos con defectos no solo desperdiciará recursos de material y mano de obra, sino que también causará escasez, producirá tiempo de inactividad en diferentes estaciones de trabajo y ampliará el tiempo de espera de fabricación. Los defectos causan herramientas adicionales, mano de obra adicional, entrega perdida y bajos beneficios.

3. Inventario

Un inventario de desechos es uno con un mayor nivel de materias primas, productos terminados y trabajo en proceso. El exceso de inventario conduce a mejores costos financieros, mayor tasa de defectos y mayor costo de almacenamiento. El inventario aumenta el tiempo de entrega y desalienta la comunicación. Para hacer una gran compra, primero, debe limpiar el inventario debido a los plazos de entrega y vencimientos incorrectos. La eliminación del stock de reserva es un problema que debe ser abordado. Algunos de los efectos del inventario incluyen espacio adicional, retrabajo complejo y largo tiempo de entrega.

4. transporte

Esto se refiere al movimiento de materiales que no tienen valor para el producto. Puede ser el movimiento de materiales entre estaciones de trabajo. La idea detrás de los materiales en movimiento entre las etapas de producción debe concentrarse en la salida del proceso. El movimiento de materiales entre las etapas de procesamiento pasa el tiempo del ciclo de producción, la aplicación ineficiente de mano de obra y espacio. Cuando se examina con cuidado, cualquier tipo de movimiento puede definirse como desperdicio. Por eso se recomienda reducir la distancia de movimiento en lugar de erradicarla por completo. Además, más movimientos pueden dañar y afectar la distancia de comunicación de cada proceso. Los ejemplos de desperdicios que se producen durante el transporte incluyen múltiples ubicaciones de almacenamiento, exceso de material, recuentos de inventario incorrectos y gestión de inventario compleja.

5. esperando

Es el tiempo de inactividad causado por los trabajadores y las máquinas. La espera se produce debido a un flujo de producción insuficiente en la fábrica. Además, la espera tiene algunos pequeños retrasos entre las unidades de procesamiento. La espera tiene efectos negativos porque aumenta el costo del trabajo.

Si usa el tiempo de la manera correcta, no habrá desperdicio debido a la espera. Este desperdicio ocurre cuando las mercancías no se mueven o se desarrollan. El desperdicio causado por la espera afecta a productos, trabajadores y bienes. El tiempo de espera para los trabajadores se puede utilizar mejor para capacitar o controlar actividades. Sin embargo, no debe conducir a la sobreproducción. El efecto de la espera son las operaciones desequilibradas, el tiempo de inactividad no planificado del equipo y muchos más.

6. movimiento

Cualquier movimiento físico irrelevante que afecte la atención de los trabajadores al realizar su trabajo real es una forma de desperdicio. Por ejemplo, los trabajadores que caminan por el piso de la fábrica para buscar una herramienta o un movimiento físico difícil causado por una ergonomía mal diseñada que reducirá la velocidad de los trabajadores.

Algunos de los residuos en movimientos incluyen una mala ergonomía de la producción. Es probable que este tipo de desperdicio cause una baja productividad y afecte la calidad de los problemas. El desperdicio del movimiento también puede causar una mala gestión y la pérdida de herramientas.

7. Sobreproceso

Ocurre cuando intencionalmente realiza más procesos de los que el cliente desea, dependiendo de la calidad del producto y las características de la aplicación.

El sobreprocesamiento tiene lugar en casos que involucran soluciones complejas. La complejidad excesiva hace que los empleados produzcan en exceso. Una solución más compleja puede tener transporte adicional y una comunicación deficiente. Además, el sobreprocesamiento tiene muchos tipos diferentes de problemas. Algunos de esos problemas incluyen la ausencia de una especificación clara del cliente, aprobaciones redundantes y exceso de información.

26

Las fuentes de desechos están relacionadas entre sí, por lo tanto, si elimina una fuente de desechos, ayudará a reducir otras fuentes. Sin embargo, un tipo importante de desperdicio es el inventario. Las piezas completadas y el proceso de trabajo no agregan ningún valor a un producto y es importante que se elimine. Una vez que limita un inventario, se vuelve fácil realizar cualquier acción. La eliminación de residuos es un gran paso para la supervivencia en el mundo moderno. Las organizaciones deben intentar crear un producto de alta calidad y bajo costo que llegue al cliente rápidamente.

Dicho esto, hay varias herramientas y técnicas que Toyota desarrolló para usar para limitar la fuente de desechos. Algunas de esas herramientas incluyen:

Herramientas y técnicas de manufactura esbelta

Cuando una empresa identifica las principales fuentes de desechos que parecen producir, pueden optar por utilizar las herramientas disponibles que les ayudarán a realizar la acción correcta para que puedan eliminar los desechos. A continuación se muestran algunas de las herramientas que puede utilizar una empresa, individuo u organización.

1. Fabricación celular

La principal ventaja de la fabricación celular se logra cuando los teléfonos celulares se desarrollan, controlan y operan justo a tiempo. Una aplicación exitosa de las células de fabricación requiere que uno se ocupe de la selección, el diseño y la operación. La selección implica elegir tipos de máquinas de una célula dada.

El diseño de la celda implica la descripción del diseño, la producción y el manejo de los requisitos. El funcionamiento de una célula requiere que un individuo defina el número de operadores y el tipo de operador que tiene el control. Finalmente, hay un control de celda que tiene métodos que se pueden usar para medir el rendimiento de una celda. Los diseños de una celda están determinados por las siguientes características.

- Flujo continuo: en este tipo de flujo, se dice que el flujo es suave. Todos los componentes fluyen sin ninguna obstrucción.

- Flujo de una pieza: en este tipo de flujo, solo un producto, pasará por el proceso de fabricación a la vez.

- Trabajadores de usos múltiples: en este caso, solo un trabajador puede estar presente en cada celda. Esto es diferente del procesamiento por lotes donde los trabajadores son responsables de un solo proceso. En el caso de la fabricación de celdas, los trabajadores han recibido permiso para ser responsables de cada proceso único que ocurre en la celda. Esto significa que cada trabajador recibe una breve capacitación para lidiar con cada proceso que ocurre en la celda.

- Forma de U: las celdas tienen forma de U. El producto cambia de un lado de la U a medida que se procesa. Su función es reducir la distancia y la forma en que los materiales viajan dentro de una celda. El diseño de una celda puede hacer que una persona descubra muchos objetivos lean debido a su capacidad para eliminar actividades sin valor agregado del proceso de producción.

2. Estandarización del trabajo.

Este es un principio importante de eliminación de residuos. Un trabajo estandarizado garantizará que cada tarea se organice y maneje de la manera más efectiva. Esto requiere que el proceso de producción y las directrices estén bien definidos y comunicados. Al hacerlo, elimina dudas y suposiciones erróneas. El enfoque es que la producción debe ser tratada de la misma manera cada vez. En caso de que el proceso de producción no esté estandarizado, los trabajadores pueden requerir aplicar un conjunto diferente de ideas. Un proceso avanzado de estandarización significa que la empresa puede ampliar la capacidad sin problemas.

En la manufactura esbelta, un trabajo estándar tiene diferentes elementos clave:

- El estándar de secuencia de trabajo: la secuencia que un empleado debe seguir para realizar una tarea. Esta secuencia está bien definida para reducir variaciones y defectos. Es un proceso complejo porque ilustra el movimiento de cada mano del trabajador.

- Tiempo estándar: el tiempo Takt es la frecuencia con la que se libera una sola pieza. Esta es la velocidad a la que un proceso dado puede tener lugar en diferentes etapas de producción. En Lean manufacturing, el tiempo Takt de cada proceso de producción está regulado y monitoreado para entregar un flujo continuo.

- Inventario estándar en proceso: Esto es la menor cantidad de unidades de material necesarias para garantizar que una célula o proceso pase por una velocidad determinada. Es crucial que esto se mida con precisión porque controlará varios procesos en el inventario sin causar ningún tiempo de inactividad. Un proceso exitoso de estandarización del trabajo proporciona un producto de alta calidad y un mejor rendimiento de los costos de fábrica. Si reduce la variación en el área de producción, habrá una mejor mejora en la productividad.

3. Organización en el lugar de trabajo: los cinco s.

Una de las herramientas clave aplicadas en el desarrollo rápido es 5s. Es la base por la cual se funda una compañía lean efectiva. El 5s es el paso modular principal que lo ayudará a descubrir los diferentes tipos de eliminación de desechos. Las 5S están formadas por cinco palabras japonesas:

- Seiri (Ordenar)

- Seiso (Brillo y Barrido)

- Seiton (Enderezar)

- Shitsuke (Estandarizar)

- Seiketsu (Sostener).

Todos estos 5S generan un proceso de mejora.

1. Clasificación: su objetivo es asegurarse de que los elementos que a menudo se requieren estén disponibles y sean fáciles de

identificar como sea posible. Algunas de las cosas que no son requeridas regularmente son descartadas.

2. Enderezar (Sección): Haga planes para cosas importantes para que sea fácil de acceder. El objetivo es limitar la moción que se requiere para que los trabajadores puedan hacer su trabajo. Por ejemplo, una caja de herramientas debe ser aplicada por un operador que debe usar diferentes herramientas. En una caja de herramientas, cada herramienta debe ubicarse en un lugar fijo para que el usuario pueda hacer una selección rápida sin pasar la mayor parte del tiempo buscándola. Este tipo de organización permite a un usuario conocer el tipo de herramientas que faltan.

3. Brillo (Seiso): es importante mantener las máquinas y asegurarse de que la estación de trabajo permanezca limpia para evitar cualquier problema relacionado con la falta de limpieza. En ciertas industrias, el polvo en el aire describe un servicio deficiente del producto. Para aumentar la conciencia del polvo, compañías específicas pintan una imagen de sus entornos de trabajo con colores claros y aplican un mejor esquema de luz.

4. Estabilizar (Shitsuke): asegúrese de que las primeras 3 S sean una práctica de rutina.

5. Sostener: aquí necesita comunicar, capacitar y promover las 5S para asegurarse de que la cultura corporativa de la empresa siga viva. Esto podría requerir que asigne un nuevo equipo para ver las quejas en el 5S. Una vez que lo implemente por completo,

el sistema 5S puede extender la moral, generar una impresión positiva en los clientes e impulsar la eficiencia de la organización. Esto no solo garantizará que los empleados se sientan mejor, sino que el impacto en la mejora continua puede reducir el desperdicio, mejorar la calidad y aumentar los plazos de entrega. Independientemente de lo que seleccione, aumentará el beneficio de su organización y el nivel de competencia en el mercado.

De acuerdo con la situación actual, el sistema 5S se aplica de muchas maneras diferentes. En muchos casos, se adhiere a un plan específico que se muestra a continuación:

- Desarrollar un plan para cada "S"

- Anunciar públicamente el programa.

- Organizar el comité del programa.

- Brindar capacitación y educación a los empleados.

- Evaluar los resultados de 5S

- Elija un día en el que todos limpien y organicen su área de trabajo.

- Aplicar una acción correctiva.

4. Mapeo de flujo de valor

Esta técnica implica agregar acciones sin valor agregado para producir un producto, servicio o una combinación de ambos. El mapeo de la cadena de valor es un excelente método para mejorar el estado de una empresa. Es la técnica correcta que se usa para ayudar a una persona a visualizar el proceso general, representar información y el flujo de materiales. Un VSM se genera utilizando un conjunto predefinido de iconos. El Mapeo de flujo de valor tiene un lenguaje común que explicará el proceso de producción y permitirá decisiones sensatas que mejorarán el flujo.

Un mapa de flujo de valor es como un plan que se utiliza para implementar las ideas de fabricación ajustada. Esto se logra al describir el flujo de información y cómo deben funcionar los materiales. Una asignación de flujo de valores se divide en dos partes. El mapeo de imagen grande y mapeo complejo. Si desea comenzar con un mapeo complejo, primero, es importante crear una visión general de las características principales de todo el proceso.

La imagen general mostrará cómo debe mirar el flujo, identificar los desechos, integrar los principios de manufactura esbelta y mostrar la asociación entre los flujos de información y los flujos físicos.

Una vez que visualiza el flujo, desarrolla la capacidad de ver dónde, cuándo y cómo se mueven la información y el producto dentro de la organización.

5. Mantenimiento preventivo total.
La siguiente técnica asignará un trabajo de mantenimiento preventivo estándar que comprende apretar y calibrar.

Por lo general, TPM asignará diferentes tareas a los empleados para ayudarlos a monitorear, seleccionar y corregir la raíz de los problemas que pueden ocasionar tiempos de inactividad innecesarios en la máquina. Cuando asigna esta respuesta específica a los operadores de la máquina, es probable que se produzcan problemas relacionados con el mantenimiento y, por lo tanto, puede limitar el tiempo de inactividad de la máquina. Esto podría requerir que los operadores notifiquen diariamente al equipo de mantenimiento sobre el estado de la máquina para que los posibles problemas técnicos se realicen de manera oportuna.

En el TPM, el equipo de mantenimiento es uno de los encargados de las actividades de alto valor agregado, como realizar revisiones, impartir capacitación y solucionar problemas.

Un desglose de la máquina es la característica más importante que se ocupa de las personas en el taller. Además, la confiabilidad en el taller es importante porque en caso de que una máquina falle, toda la línea de producción puede verse afectada. Una gran herramienta que se utiliza para explicar la rápida falla de la máquina es el TPM. A continuación se presentan algunas de las partes principales de un TPM:

- Mantenimiento preventivo: Esto debería incluir diferentes tipos de planificación en todo el dispositivo en lugar de realizar revisiones al azar. Se supone que los trabajadores deben hacer un mantenimiento regular del equipo para detectar problemas. Este tipo de controles ayudan a resolver fallas repentinas de la máquina.

- Mantenimiento correctivo: tiene que ver con decisiones como si necesita arreglar o comprar el nuevo equipo. Cuando tiene una máquina que está siempre abajo y sus componentes se descomponen, entonces es importante si puede reemplazar esas piezas con piezas nuevas. Por lo tanto, la máquina durará más y aumentará su tiempo de actividad.

- Prevención de mantenimiento: Esto debe incluir la compra de la máquina correcta. En caso de que una máquina le dé problemas cuando desee realizar el mantenimiento, los trabajadores no querrán realizar el mantenimiento a diario, esto puede causar que se pierda una gran cantidad de dinero.

6. *Justo a tiempo*

El principio fundamental de Lean es eliminar el desperdicio. Son los pasos más importantes cuando implementas Lean. Parte del proceso de eliminación de residuos incluye JIT. JIT es otra característica vital de la fabricación lean. La producción de JIT no implica la recolección de una gran cantidad de materias primas, trabajos en proceso o productos. JIT aplica el tipo de sistema Pull. La demanda del cliente es el indicador de producción. Como resultado, la producción debe retirarse del proceso de ensamblaje. La línea de ensamblaje final pasará al proceso anterior y extraerá la cantidad correcta en el momento adecuado. Este proceso continuará a medida que cada proceso extraiga las partes correctas del proceso anterior anterior.

Kanban es un ejemplo de un sistema basado en extracción que tiene señales visuales etiquetadas con colores para enviar una señal en sentido ascendente una vez que las entradas se envían a una estación de trabajo posterior. En la práctica, Kanban es una herramienta de comunicación para una producción basada en extracción.

Es similar a un sistema de información que controla la cantidad de piezas generadas en cada proceso. Típicamente, hay dos categorías principales de Kanban.

- Producción Kanban

- Retiro Kanban

Si aplica un sistema Kanban justo a tiempo, se realizan los tamaños más pequeños y las grandes reducciones de inventario. La producción de JIT, las materias primas y el inventario de productos terminados son limitados. Los principios de manufactura esbelta se aplican en el inventario limpio como fuente de desperdicio. Otro ejemplo de desperdicio que se elimina en el sistema JIT es la sobreproducción. Dado que cada proceso tiene una velocidad que no es superior a la de los requisitos de proceso restantes, es importante producir más de lo que se requiere.

7. Suavizado de producción

La nivelación de la producción se refiere al suavizado de la producción porque se refiere a los volúmenes de producción distributivos y la combinación de productos para ayudar a corregir las rupturas y los valles que se encuentran en la carga de trabajo. Los cambios que se llevarán a cabo deben ser suavizados para que puedan suceder gradualmente y de una manera que no interrumpa. Además, esto apoyará a la compañía y le permitirá lidiar con una utilización avanzada. La técnica de modelo mixto se utiliza para reducir el riesgo de productos no vendidos, mejorar la calidad, reducir el espacio, aumentar la demanda y controlar el entorno de producción con precisión.

8. Gestión visual

Este tipo de gestión hará que los trabajadores de las fábricas se mantengan informados sobre el estado del plan de producción y otra información crucial que se necesita para realizar el trabajo de manera efectiva. Una gran pantalla visual es una excelente manera de comunicar a los trabajadores sobre la fábrica en comparación con las pautas e informes escritos.

Cuando se trata de mejorar el cumplimiento dentro de un proceso, la representación visual es un medio mejor porque un equipo puede comprender una situación compleja. Algunas de estas cosas incluyen el orden de los eventos, la forma correcta de realizar una acción y las relaciones externas entre las acciones y otros factores. Algunas de estas herramientas incluyen:

• Visualizaciones visuales

Una presentación visual está formada por procedimientos, métricas, cuadros y documentación de procesos para hacer referencia a la información para la producción del trabajador. Por ejemplo, la tendencia para mostrar el rendimiento, la variación del 100% de la tasa de defectos y el estado del volumen de envío.

• Control visual

Hay una gran variedad de señales que se utilizan para mantener o mostrar acciones a los miembros de un grupo. Esto podría incluir un lanzamiento de información de estado y muchos otros. Por ejemplo, el panel de códigos de color para la definición de temperatura o velocidad para regular los límites que permiten a los operadores elegir rápidamente el proceso que está fuera del rango de control.

• Proceso visual

Un proceso visual demostrará el correcto flujo de producción de materiales. Por ejemplo, puede incluir un área de piso pintado para material no detective y una chatarra para el flujo correcto de materiales en los alrededores de la fábrica.

9. Calidad de la Fuente.

También llamado "hacerlo bien a la primera", esto significa que la calidad es importante en el proceso de producción. Ayuda a prevenir defectos o, en caso de que se vean, se toma la acción correcta.

• Inspección en línea

El deber de inspección de calidad es realizado por trabajadores en línea y no por ningún otro inspector de calidad. Si bien hay diferentes inspectores de calidad independientes que operan en las organizaciones lean, su regla debería ser limitada porque se consideran desperdicios en el proceso de fabricación.

• Inspección de la fuente

Durante la inspección de la fuente, los inspectores buscan defectos y las causas de los defectos.

• Clara rendición de cuentas entre los trabajadores.

Tener un inventario de productos parcialmente hechos le proporciona un vínculo directo entre los procesos ascendentes y los procesos descendentes. Esto significa que los trabajadores de un proceso ascendente son totalmente responsables de la calidad del material que producen. De la misma manera que hay una gran reserva de inventario entre dos etapas de producción, los trabajadores también están representados en el proceso ascendente y se sienten responsables de cualquier problema.

• Poka Yoke

Es un método simple para pruebas de calidad en línea. A veces se le conoce como "Poka Yoke" y se usa para evitar que materiales incorrectos entren al proceso de producción. El pokayoke prueba el 100 por ciento de las unidades para el proceso de producción. Estas medidas se realizan en línea por los trabajadores de producción.

• Paros intencionales

Una vez que se produce un defecto, el proceso de producción se cierra hasta que se encuentra una solución. Esto es muy importante cuando se quiere demostrar una cultura de tolerancia cero y evitar que los productos incorrectos lleguen hacia abajo para causar problemas. Por ejemplo, en Toyota, cualquier trabajador tiene derecho a cerrar la línea de producción. Además, esto asegura que exista responsabilidad entre los trabajadores.

Otras tecnicas

Sin embargo, hay muchas otras herramientas de producción de desechos que requieren que una persona configure la reducción, el balanceo de línea y la reducción del tamaño del lote.

• Reducción de configuración

La fabricación ajustada es importante porque limita el tiempo de inactividad innecesario causado por la configuración de la máquina. El tiempo de inactividad de la máquina es una fuente importante de desperdicio insignificante. Esto puede requerir una cultura de mejora regular, donde cada compañía busca regularmente una manera de limitar los tiempos de configuración del cambio.

• Balance de línea

Esta es una de las mejores herramientas para usar contra el desperdicio. La idea es asegurarse de que cada estación de trabajo limite el volumen de trabajo que se envía a las estaciones de trabajo en sentido ascendente. Esto garantiza que cada estación de trabajo funcione de manera sincronizada.

• Reducción de tamaño de lote

La manufactura esbelta se enfoca en el flujo de materiales en el piso de la fábrica. Además, apunta a enfocarse en ser una sola pieza de flujo para asegurarse de que se reduzca el trabajo en curso entre las etapas de procesamiento. Cuanto menor sea el tamaño del lote, mayor será la posibilidad de que cada estación de trabajo ascendente genere exactamente lo que quiere el cliente y cuándo es necesario.

Capítulo 3

Metodología Lean

————————◆————————

Hoy en día, la información se propaga muy rápido. Es cierto que vivimos en nuestro mundo que está mucho más avanzado en términos de tecnología que antes. A pesar de eso, seguimos luchando.

Es importante en este momento que tengamos todas las herramientas que necesitamos al alcance de la mano, pero ¿por qué es que todavía es difícil para nosotros establecer la dirección estratégica de una organización? A medida que se cierra el día, parece que nos hemos ahogado en un mar lleno de información no relevante. La pregunta que se ha hecho siempre ha sido: ¿cómo puede una organización crecer y avanzar?

¿Cuál es el mejor avance para un futuro mejor?

Los procesos lean son considerados como los medios para realizar la mejora de procesos. Independientemente de lo que haga su organización, es muy importante que haya cierto margen de mejora. Las principales compañías utilizan el término Lean para referirse a una metodología de negocios relacionada con el cliente y trabajar para asegurarse de que cada paso agregue valor.

¿Por qué es importante la metodología Lean?

Lean se encuentra entre la mejor metodología de negocios que cualquiera puede aplicar para ayudar a reducir el costo de brindar un excelente servicio, mejorar la entrega y mejorar la calidad del producto. Ningún otro tipo de metodología puede dar lugar a estos beneficios.

El Six Sigma se ocupa de la fuerza impulsada de arriba hacia abajo para reducir los costos, pero generalmente, estas ganancias describen un hecho único y, a menos que se fusionen, deben ser sostenibles. La calidad total se ocupa de la calidad solo. Lean, sin embargo, si se implementa correctamente, ayuda a los gerentes a convertirse en héroes a los ojos de los empleados y clientes. Esto agregará un nivel de transparencia sin precedentes que la mayoría de las empresas solo pueden pensar. Esto hace que las empresas se mantengan en el camino que lleva a más valor con cada actividad realizada.

Para asegurarte de que esto se vea más tangible, considera tu vida personal. ¿Estaría de acuerdo en pagar por algo que estaba presente en un lugar diferente a un mejor precio? Hace algunos años, este tipo de ofertas no eran fáciles de encontrar para una revisión. Durante ese tiempo, tuvo que conducir por la ciudad y mudarse de tienda en tienda. Pero hoy, hay ofertas de eBay o Amazon que se pueden ver en la privacidad de su hogar. Además, los pedidos en línea y la transparencia durante el proceso de compra y entrega eliminan el riesgo de su transacción.

En su vida empresarial específica, ¿cree que sus clientes se sentirán de la misma manera? Todo lo que los clientes quieren es valor por su dinero. Lean es simplemente el medio más seguro para demostrar que la consistencia se adhiere y la confiabilidad existe para mejorar el valor. Todos estos factores combinados contribuyen al éxito general del negocio a largo plazo.

Tal vez Lean aparezca como utópica. De hecho, alrededor del 30% de las empresas que deciden adoptar Lean reportan éxito en sus esfuerzos. El otro 70% que falla a menudo falla porque fue rápido en rendirse, o porque no contaron con el apoyo de la alta gerencia para ayudarlos a implementar y garantizar que sea sostenible. Existe una gran complejidad para garantizar que Lean pueda funcionar dentro de su empresa, sin embargo, muchas encuestas realizadas muestran que el fin siempre justificará los medios. Adicionalmente, los beneficios superan los costos.

Los procesos lean describen el desperdicio de los procesos, para garantizar que sean los mejores de su clase. Sin embargo, un viaje en Lean nunca llegará a su fin porque el objetivo general es a menudo la búsqueda incesante de la perfección. Los trabajadores delgados nunca miran el trabajo como una tarea. En cambio, observan el valor que dedican a toda la organización, de esta manera, pasan la mayor parte de sus días fomentando las formas de trabajar. Los líderes permitirán este cambio al capacitar y capacitar a sus trabajadores utilizando herramientas para mejorar lenta y constantemente sus medios de trabajo diario.

Capítulo 4

Mejores prácticas para la gobernanza del desarrollo lean

El propósito de un programa de gobierno de TI es garantizar que haya mecanismos de comunicación, responsabilidad y apoyar la estrategia y los objetivos generales de la empresa.

Se da cuenta de esto al garantizar que existe un equilibrio entre los riesgos y el rendimiento de las inversiones en TI. La gobernabilidad es una sub-rama crucial del gobierno de TI. Esto describe el alcance que tiene que ver con la canalización de software y proyectos de desarrollo de sistemas. Este capítulo tratará las prácticas que motivan el desarrollo de una gobernanza lean.

El sistema tradicional de gobierno se basa en estrategias de comando y control que mantienen y dirigen el desarrollo del equipo del proyecto de la manera correcta. Esto significa que va a dedicar más trabajo al esfuerzo de gobierno, pero ayudará a lograr poca práctica. La gobernanza lean manejará un medio de colaboración que apunta a apoyar e inspirar a los miembros del equipo. Por ejemplo, el sistema tradicional a las pautas en la codificación implicaba que un individuo creara y aplicara su aplicación mediante inspecciones formales.

La metodología Lean requiere que todos escriban todas las pautas, expliquen por qué es importante que todos se adhieran a las pautas y luego organicen las herramientas y el soporte para asegurarse de que sea fácil ayudar a los desarrolladores a cumplir con las pautas.

Esta sección describirá la metodología recomendada para gobernar los esfuerzos modernos de desarrollo de software. Esta metodología se describe por las siguientes razones:

1. Experiencias con métodos existentes para el gobierno de TI porque los métodos tradicionales son muy complejos con muchos consejos.

2. Muchos equipos de proyectos se adhieren a prácticas ágiles y estos equipos pueden ser gobernados de manera efectiva.

3. La mayoría de los equipos que aún no han adoptado prácticas ágiles se beneficiarán tanto desde un punto de vista colaborativo.

4. Las organizaciones que usan modelos tradicionales ganan mucho al "aflojar las riendas" dependiendo de la práctica metodológica.

Descripción general de las prácticas de gobernanza del desarrollo Lean Familiarícese con el proceso: dado que los equipos son diferentes en tamaño, propósito, distribución y conjunto de habilidades de los miembros, tener un solo proceso no es suficiente. Es importante personalizar el proceso para garantizar que cumpla con el proceso para satisfacer las necesidades del equipo. Además, es importante que los procesos se examinen y garanticen que se faciliten haciendo uso del tiempo para satisfacer las necesidades de la organización.

Para hacer coincidir las políticas de recursos humanos con los valores de TI: para contratar y motivar a un equipo de personal técnico, se deben implementar varias implementaciones. Se recomienda crear varias recompensas que son clave para la mentalidad de sus miembros. Asegúrese de que estas recompensas se entreguen a tiempo junto con otros logros importantes.

Refleje con la estructura y la arquitectura del equipo: la manera en que se organiza el equipo de su proyecto es importante. Se recomienda que la organización represente la estructura arquitectónica adecuada que planea desarrollar.

Proyecto impulsado por el negocio: siempre es una gran cosa invertir en proyectos que encabezarán la dirección del negocio, crearán un valor único y se corresponderán correctamente con los objetivos de la organización. Esta metodología específica tratará con el negocio de soporte.

Mejora constante: se recomienda resaltar y aprender de las lecciones de todo el proyecto. Por ejemplo, una breve reunión retrospectiva hacia el final de cada iteración jugará una gran función. Será un gran hito en el proyecto.

Monitoreo constante del proyecto: la recopilación de métricas automatizada permite a una persona realizar un seguimiento de los proyectos y, por lo tanto, seleccionar problemas potenciales en los que se puede trabajar junto con un equipo para resolver los problemas iniciales. Tendrás que elegir el menor conjunto de medidas.

Cumplimiento integrado: está bien cumplir con su proceso diario en lugar de cumplir con diferentes procesos que agregan una carga innecesaria.

Arquitecturas flexibles: explican los patrones de diseño, orientados a objetos, orientados a servicios, basados en componentes y que proporcionan la coherencia y adaptabilidad adecuadas.

Entorno de ciclo de vida integrado: debe saber cómo automatizar la mayoría de las tareas, como una recopilación de métricas. Debe asegurarse de que sus herramientas y procesos encajen en el ciclo de vida completo. Una inversión original mientras comienza el proyecto es organizar todo su conjunto de herramientas.

Desarrollo iterativo: en este enfoque particular, la entrega de software apoyará el desarrollo continuo y la producción de componentes de software. Además, fomentará la liberación de un ajuste de grano fino y compensará el tiempo perdido.

Órgano de gobierno pragmático: Un órgano de trabajo brindará apoyo a los equipos de desarrollo en un enfoque rentable y oportuno. A menudo, el personal es pequeño y la mayoría de los miembros trabajan como representantes de los departamentos gobernados.

Un hito basado en el riesgo: si desea eliminar los riesgos en su proyecto y negocio. Es importante que identifique una forma de hacerlo asegurándose de que existen varios hitos en su proyecto. El rol de cada hito es lidiar con una sola tarea o más.

Desarrollo guiado por escenarios: es difícil definir un sistema completo sin entender las partes individuales y las partes que son difíciles de definir en detalle si no se ha entendido como un todo. Cuando elige un mecanismo basado en escenarios, podrá entender cómo las personas usan su sistema. Esto le da la oportunidad de crear algo que satisfaga sus necesidades.

Equipos autoorganizados: las personas adecuadas para crear un plan de trabajo son las que usarán el mismo plan. Los profesionales de TI deben respetar a las personas inteligentes que pueden elegir sus propias estrategias. Una vez que tengan alguna orientación y un poco de entrenamiento, deberían poder planificar su trabajo dentro de los parámetros establecidos.

Métricas simples: estos tipos de métricas incluyen la automatización, un número reducido de métricas y la comprensión de los motivos de la recopilación.

Una entrega de programa desarrollado: este programa en particular describe una colección de proyectos asociados que deben producirse en incrementos. En lugar de evitar un lanzamiento, cada individuo debe inscribirse en una fecha de lanzamiento predeterminada. Si omite un subproyecto, tiene que pasar a la siguiente versión, reducir el efecto en los clientes del programa.

Los valiosos activos de TI: Esto incluye una guía de programación y un activo reutilizable como marcos y componentes identificados en caso de que un individuo quiera agregar valor a los desarrolladores.

Misión y principios

Las prácticas que caen en este grupo representan una dirección clara y principios subyacentes que apoyarán el comportamiento correcto. Estas prácticas incluyen:

- Gobernanza pragmática

- Entrega escalonada del programa

Órgano de Gobierno Pragmático

Este tipo de programa no se puede ejecutar de forma independiente a menos que haya un grupo de personas definidas para ejecutarlo. La forma en que un órgano de gobierno se organiza a sí misma es una gran determinación del programa de gobierno general. Un tipo de cuerpo pragmático proporcionará apoyo a los profesionales de TI. Este cuerpo realizará lo siguiente:

- Crear un entorno donde las personas tengan que seguir siendo efectivas.

- Apoyar una estrategia, prácticas y procedimientos específicos de cada situación.

- Equipos de apoyo con acceso a los recursos que deberían tener. Esto debe formar parte de una lista para acceder a las partes interesadas del negocio.

- Brindar apoyo, orientación y equipos de mentores que se hayan alejado de lo normal.

Pros

Esta práctica tiene dos grandes beneficios:

1. Apoyar la difusión de las prácticas de gobierno correctas. Los equipos de TI deben adherirse al programa de gobierno de la organización en caso de que lo haga simple y deseable.

2. Proporcionar apoyo a la gobernanza accionable. El tipo de gobierno en esta situación describe una autoconciencia, a menos que las personas ayuden a establecer y definir los procesos y políticas de la organización.

Compensaciones

- Soporte comercial: el programa de gobierno debe describir los requisitos del negocio. Para garantizar que esto se haga realidad, es importante que las partes interesadas en la empresa participen activamente en el programa de gobierno.

- Necesita inversión continua: el órgano de gobierno debe incluir suficiente personal y, dado que el gobierno generalmente es una promesa a largo plazo, es lo mejor para una inversión continua.

- El control se implementa en el organismo de ejecución: si el enfoque de un gobierno pragmático es permitir a los equipos, es importante que los equipos sean responsables y les indiquen que operen dentro de las pautas requeridas.

Anti-patrones

Estos son algunos de los anti-patrones que se relacionan con los órganos de gobierno:

- Gobernanza por el bien de la gobernanza: su objetivo principal es garantizar que el equipo de desarrollo compile correctamente la documentación.

- Control a través del gobierno: en este tipo de gobierno, el organismo tendrá que lidiar con el control e instruir a los equipos de desarrollo. Se dará cuenta de que esto ocurre cuando el órgano de gobierno toma la mayor parte del tiempo para desarrollar los procedimientos para que los equipos se adhieran.

El valor predeterminado recomendado

Genere un equipo pequeño y mediano, a menudo considerado como un centro de competencia de gobierno que brinda una estructura de informes de línea de puntos tanto para la unidad de negocios como para TI.

Entrega escalonada del programa

Hoy en día, los proyectos de TI limitan el tamaño. Los proyectos más pequeños han sido considerados como exitosos. De manera similar, un proceso empresarial avanzado requiere el soporte de un conjunto avanzado de sistemas de TI. Esto muestra que la generación de ganancias en un negocio requiere una implementación integrada de proyectos relacionados con tecnologías y misiones similares. Esto se realiza a menudo a través de un programa de gestión.

Un gran programa de control tiene un valor incremental para el negocio al garantizar que sea inteligente en la forma en que se ejecuta el programa. Esto ayudará a proporcionar un subconjunto de todos los proyectos encontrados en el programa. Esencialmente, necesitas dividir las metas en metas más pequeñas. El programa luego apoyará la asignación de recursos y el control de proyectos para ayudar a los objetivos comerciales lo antes posible.

Una vez que define un programa, el proyecto dentro de la etapa se regula a través de un proyecto con fases similares a las del proyecto RUP habitual.

El proyecto de control se ocupará de la integración y apoyará la gestión de los hitos relacionados con el riesgo. El proyecto de control se examina realizando una evaluación general de todos los proyectos. Sin embargo, para realizar un análisis de riesgo del perfil, la combinación del perfil de riesgo de cada proyecto no es suficiente, todavía tendrá que asegurarse de que todos los riesgos asociados con la integración entre proyectos se tengan en cuenta. El proyecto de control apoyará la coordinación y la flexibilidad cuando desee implementar proyectos independientes. Las iteraciones son las características principales porque permiten a una organización apoyar proyectos encontrados en un programa dado

Beneficios

Debe haber una entrega programada del programa, especialmente cuando aprovecha un proyecto de control, y admite diferentes beneficios:

- La correcta ejecución trata con los objetivos de negocio:
  Una vez que reúna proyectos en función de los objetivos de negocio y los controle como un programa, sabrá cómo administrar para cumplir objetivos importantes.

- Una producción coordinada de todas las partes correspondientes.
  Uso de un proyecto de control con la ayuda de un sistema de gobierno bien definido para el programa a través de un conjunto de hitos relacionados con la variación y la reducción.

- Entrega de valor incremental: esto divide un programa extenso de manera incremental en torno a un objetivo secundario comercial. Cuando controlas proyectos en un programa a través de una técnica de desarrollo iterativo, puedes usar nuevas habilidades si es posible.

- Eficiencia mejorada: una implementación parcial de proyectos proporciona un mejor desarrollo en diferentes proyectos porque esto brindará una mejor flexibilidad táctica.

Por lo tanto, habrá un aumento en la productividad. Sin embargo, es importante que existan puntos de control visibles para facilitar la revisión del rendimiento de un proyecto individual y de todo el programa.

El trabajo de los proyectos independientes debe analizarse antes del cierre de cada iteración en el momento en que tenga una evaluación basada en hechos.

Compensaciones

Las principales compensaciones que pueden permitir una entrega efectiva preprogramada por etapas incluyen:

- Retraso de riesgo: en caso de que no se maneje bien, es posible que un programa afecte la fecha de lanzamiento de un producto. El peor de los casos es que reducirá la velocidad de trabajo de los equipos del proyecto. Pero la verdad es que es muy dura para la empresa. El camino correcto a seguir es garantizar que haya una supervisión correcta y que el alcance se redefine una vez que el proyecto falla. Esto implica que puede obtener algún valor entregado a la empresa a tiempo.

- Aumento de la coordinación: para ejecutar un programa que requiere que una persona tenga conocimientos y recursos.

Anti-patrones

El antipatrón que se muestra a continuación tiene experiencia en el control de un proyecto basado en el valor comercial.

- Batería más lenta: el proyecto más lento determinará el ritmo del esfuerzo general. El programa correcto está vinculado a un tren.

Recomendado por defecto

Los proyectos más pequeños se mantienen en un proyecto que se ejecuta en base a las cuatro fases del RUP.

Organización y Reuniones

El tipo de prácticas que se incluyen en esta categoría presenta una guía para ayudar y determinar la mejor estructura organizativa y el mecanismo de informe formal para manejar a los interesados correctos. Las prácticas incluyen:

- Proyecto impulsado por negocios Pipeline

- Desarrollo guiado por escenarios

Proyecto impulsado por negocios Pipeline

Las necesidades de TI son avanzadas en comparación con los recursos existentes que manejan la priorización y otros posibles proyectos en tramitación. El mejor tipo de gobierno es aquel que mejora el valor empresarial de las inversiones de desarrollo generadas y asegura que existe una alineación importante con los objetivos del negocio. Además, debería haber un mecanismo para darse cuenta de esto. Puede lograr esto aprovechando las tarjetas de puntuación y otros enfoques de control que comparan cada proyecto con un conjunto de mediciones que muestran una alineación estratégica con el valor del negocio.

Es importante entender que los cuadros de mando representan un tipo de valor de negocio modelo y cada modelo tiene una desventaja. Esto significa que con frecuencia puede descubrir que un proyecto que tiene la menor puntuación tiene prioridad sobre uno con una puntuación más alta. Esto tiene la costumbre de forzar las anulaciones manuales. A pesar de esto, hay ciertas situaciones en las que los cuadros de mando activarán una discusión y el valor del negocio. Demostrar por qué el modelo no es perfecto en algunos casos.

Ventajas

Para administrar una línea de proyectos por valor de negocio, se presentan las siguientes ventajas:

- Convergencia sobre el valor del negocio: la administración de la canalización puede obligar a una empresa u organización a acordar el enfoque comercial y el tipo de parámetros que pueden enviar el mayor valor comercial. Por ejemplo, ¿se siente cómodo si su organización prioriza nuevas oportunidades de negocios, aumenta la eficiencia de costos de los procesos de negocios o permite un rápido crecimiento de una organización?

  Estas preguntas hacen que las discusiones comiencen según cómo se financian los proyectos.

- ROI mejorado: los proyectos que cuentan con la mejor combinación de riesgo muestran valor y alineación de la estrategia, produciendo un mejor ROI. Los scorecards entregarán un excelente método de comunicación e inspiración al departamento de TI en general para garantizar que se mantenga en línea con la estrategia correcta y optimice el valor comercial. Si desea que su proyecto reciba algún financiamiento, es importante asegurarse de que se parezca a lo que sea en su negocio.

- Transparencia: en muchas empresas, no se conoce cómo se toman las decisiones relacionadas con la financiación. El tipo de gestión de tuberías se realiza de forma abierta y transparente. Esto eleva el nivel de visibilidad y se basa en la confianza.

Compensaciones

Las concesiones que debe poner en consideración incluyen:

- Frecuencia: la gestión del gasoducto debe operar de forma regular para que los proyectos no puedan retrasarse. Esto requiere una inversión significativa para asegurarse de que el trabajo se realiza de la manera correcta.

- Control liberado: este proceso resulta objetivo y abierto. Se requerirá que cada proyecto muestre su valor comercial. Esto puede no ir bien con todos, especialmente con aquellos que están contentos con el status quo.

- Estrategia y articulación de valor: la administración de la canalización solicita que un individuo defina lo que sea que pueda impulsar las inversiones. Esto es difícil y causará que lidies con lo que sea que tu estrategia requiera en lugar de con tu instinto.

Anti-patrones

Los patrones que se definen a continuación no se relacionan con la línea de gestión del proyecto.

- Tarjeta de puntuación del juego: hay muchas situaciones en las que las tarjetas de puntuación se ven muy bien en el papel, pero la verdad, representan objetivos equivocados. Esto se realiza sobre enfatizando los problemas para asegurarse de que los "proyectos favoritos" permanezcan en la parte superior, o mediante proyectos de puntuación errónea para lograr una solución política que le gustaría. Esencialmente, debes definir tu cuadro de mandos hasta que llegues a esa situación en la que lo harás bien.

- Carga de la cartera: en caso de que el proceso de control de un oleoducto sea burocrático o conlleve algún retraso en el proyecto.

- Puntaje subjetivo del proyecto: si la selección del proyecto es subjetiva y única de las otras y las decisiones son difíciles de rastrear, esto significaría que se realiza un proceso de calificación deficiente sin la transparencia y supervisión adecuadas.

Recomendado por defecto

Es mejor centrarse en unos pocos parámetros que se encuentran en el cuadro de mandos para que pueda mejorar el negocio u organización.

Desarrollo guiado por escenarios

En la práctica de la entrega de un programa por etapas a través del control de proyectos, los procesos de negocios avanzados deben respaldar un sistema de TI complejo y proyectos más pequeños que permitan una tasa de éxito efectiva y mejor que un proyecto grande.

Puede pensar en el sistema de TI como un sistema único que se compone de una colección de partes más pequeñas donde cada parte tiene un solo sistema. Este tipo de configuración se considera como un "Sistema de sistemas", donde las partes individuales de una aplicación son creadas por proyectos independientes.

Es imposible definir el todo sin tener una idea de las partes y las partes no se pueden definir en detalle cuando no se entiende el todo. Los tipos de riesgo que existen aquí significan que es difícil saber cómo afectan las piezas a la solución general y lo arrastrará hacia abajo cuando se trata de construir piezas que no encajan entre sí. Esto sucede cuando aplica casos usados en diferentes niveles:

- Defina los requisitos y navegue por los escenarios de casos utilizados. Esto requiere que reveles cómo funcionan juntas las piezas y logras casos de todo el sistema.

- Arquitectura e interfaces definidas y comercializadas de manera similar.

- Uso del sistema de escenarios de casos. Esto asegura que las partes soporten un extremo a extremo del sistema general.

A partir de hoy, la técnica anterior se utiliza con éxito en el Grupo de software de IBM. Muchas aplicaciones son creadas por cientos de equipos y los clientes utilizan la mayoría de estas aplicaciones.

Beneficios

El desarrollo guiado por escenarios cuando aplica el pensamiento del sistema de sistemas tiene los siguientes beneficios:

- **Una mejor integración entre las partes en movimiento:** esto obligará a los proyectos que desarrollen varias aplicaciones para manejar una mejor integración entre las partes en movimiento. El foco principal está en la integración. Esto es vital porque el valor de negocio se logra a través de un tipo de escenario de negocio de extremo a extremo en lugar de una parte independiente.

- **Enfoque en la entrega de la capacidad empresarial:** esto obligará a cada proyecto a concentrarse en la forma en que la pieza entrega valor comercial a la organización.

- **Proporcionar mecanismos de control:** el mecanismo de control garantizará que los equipos entreguen el valor comercial correcto. Además, este tipo de mecanismo basado en escenarios ayudará a eliminar las brechas y seleccionar las variaciones y áreas que carecen de progreso.

Compensaciones

Las dos compensaciones más importantes relacionadas con el desarrollo basado en escenarios incluyen:

- **Visión técnica y comercial:** este enfoque requiere una visión técnica y comercial general y no muchas organizaciones han alcanzado el nivel de madurez correcto.

- **Coordinación a nivel de empresa:** esta depende del potencial para combinar el desarrollo de varias partes y no todas las organizaciones tienen el potencial de lidiar con la coordinación en este nivel.

Anti-patrones

El desarrollo de escenarios tiene los siguientes anti-patrones:

- **Negocio impulsado por TI:** aunque el rol de TI es apoyar un proceso de negocio, aquí es diferente. Esto ocurrirá cuando no haya procesos de negocio determinados o aplicados para admitir capacidades de TI incrementales.

- **Visiones privadas:** los escenarios de negocios, en este caso, se capturan libremente en la cabeza de las personas, pero nunca se capturan en un documento. El escenario empresarial de extremo a extremo nunca se describe, y por lo tanto, no se puede actuar sobre ellos.

- **Modelo de negocio de torre de marfil:** en este modelo de modelo, los procesos de negocios se desarrollan, pero no son bien producidos por proyectos de TI para soportar capacidades de TI incrementales.

- **Proyectos de silo:** en el siguiente ejemplo, cada proyecto tendrá que agregar un valor de negocio, pero no hay una versión de un proceso de negocio de extremo a extremo.

Proceso y medidas

La parte anterior ha descrito la misión y los principios que guían la gobernanza lean. Además, se ha ocupado de la organización y colaboración de las partes interesadas para un proyecto determinado.

Esta segunda parte se ocupará de las prácticas que giran en torno a los procesos y las medidas aplicadas en la gestión del desarrollo del software Lean.

La frase "Procesos" describe los enfoques utilizados en el desarrollo efectivo de software Lean.

Procesos

Todas las prácticas que existen en esta categoría mejoran las estrategias que apoyan un proyecto de manera efectiva. Como resultado, los miembros del proyecto deben apoyar la transparencia y la supervisión cuando sea necesario en la gobernanza Lean sin gastos generales adicionales. Las prácticas correctas incluyen:

- Cumplimiento integrado
- Proceso basado en el riesgo.
- Desarrollo iterativo
- Mejora continua
- Adaptar el proceso.

Desarrollo iterativo

En comparación con el modelo de desarrollo de software tradicional, donde todos los requisitos se definen y almacenan en un solo lugar, un equipo pasa meses para recopilar especificaciones, los evaluadores reciben un módulo completo cuando el ciclo está a punto de finalizar, y algunos requisitos no finalizados se descubren más adelante en el ciclo. El desarrollo iterativo es muy diferente y tiene muchos grandes beneficios.

Un modelo iterativo divide un proyecto en diferentes cuadros de tiempo llamados iteraciones o ciclos. En cada ciclo, es imprescindible presentar los requisitos, realizar un análisis, implementar, diseñar y probar. El sprint debe incluir un conjunto definido de objetivos y revelar una implementación parcial de todo el sistema. Cada iteración exitosa genera trabajo de las iteraciones anteriores para mejorar y redefinir el sistema hasta que esté completo.

Pros del desarrollo iterativo

Cuando divide un proyecto en varios ciclos de tiempo y entrega un código implementado como parte de cada iteración, es posible lograr algunas cosas relacionadas con una mejor gobernabilidad.

1. El time boxing causa una rápida toma de decisiones y un enfoque en lo que es importante. Si tiene un plazo que dura dos años, es difícil ver la urgencia de cumplir. Sin embargo, esto es diferente si tiene cuatro semanas fuera de plazo.

2. Gobierno basado en hechos. No importa cuánto le disguste, gran parte de la discusión que ocurre en los primeros dos tercios de un proyecto siempre es subjetiva.

3. La entrega constante de un software funcional producirá oportunidades de retroalimentación. Si siempre entrega un código probado, es posible que reciba comentarios importantes

de la integración de varias herramientas y puntos clave de los interesados que pueden ayudar a una persona a evaluar un código funcional. La retroalimentación entregada es importante porque permitirá que una persona descubra problemas temprano y los solucione. Cuando descubre problemas antes, ayuda a ahorrar el costo de reparar el sistema más adelante. Si elige la acción correcta, tendrá el tiempo y la capacidad para permitir que su proyecto entregue un mejor valor comercial.

4. El desarrollo iterativo mejorará la capacidad de construir sistemas que puedan satisfacer las necesidades originales de los interesados. Si tiene en cuenta la noción de economía del software, entonces el desarrollo iterativo brindará la oportunidad de una curva de desarrollo favorable. Se va a crear un sistema probado rápidamente porque tiene que pasar por diferentes cursos de correcciones. Esto es diferente de un sistema que está lejos de ser probado. El desarrollo iterativo puede resultar en sistemas que cumplan con un plan estratégico.

Compensaciones

Tutoría y capacitación: el desarrollo iterativo implica una inversión para volver a capacitarse y apoyar un mejor despliegue. Los expertos tradicionales de TI tienen que pasar por un entrenamiento para dejar de mirar las cosas desde el principio. Las personas también deben realizar una capacitación más allá de su especialidad actual para ayudarlos a navegar entre las actividades del proyecto. Las partes interesadas del negocio y la administración de TI deben comprender el tipo de información, así como los entregables que deben ampliarse en cualquier momento.

- Cambios en los recursos del proyecto: las técnicas de desarrollo iterativo requieren la redistribución del personal con un conjunto de habilidades específicas. Por ejemplo, los evaluadores deberían estar disponibles al principio del ciclo de vida porque deben realizar las pruebas. Además, las pruebas deben realizarse en todo el ciclo de vida, ya que el desarrollo iterativo resulta en decisiones difíciles. De manera similar, se debe llamar a los arquitectos para que estén disponibles porque serán importantes en las últimas etapas del ciclo de vida del proyecto.

- La gestión del proyecto requiere un nivel complejo de participación: el desarrollo iterativo no es una opción fácil para un gerente de proyecto, especialmente en los primeros tres cuartos del proyecto. Esto se debe a que el desarrollo iterativo forzará que cada decisión difícil se tome temprano.

Adicionalmente, el proyecto cuenta con partes móviles. En lugar de permitir que todos recopilen requisitos, después de cada mes, es imprescindible diseñar, probar e implementar el sistema. La única ventaja es que evitará constantemente decepciones y problemas asociados con el restablecimiento de las expectativas más adelante en el proyecto. La capacidad iterativa de producir cambios de manera que usted administre los proyectos para los gerentes de proyectos y los gerentes intermedios es muy importante, especialmente cuando desea producir métodos iterativos de desarrollo.

65

Anti-patrones

Los siguientes son algunos de los anti-patrones de desarrollo iterativo:

- Planificación integral: asegúrese de tener una organización integral de todo el ciclo de vida, supervise las diferencias con respecto a un plan y organice los detalles a medida que avanza el proyecto. Un plan exagerado puede resultar en un fracaso total del proyecto porque interfiere con el gerente de proyecto de las actividades de gestión de productos.

- iteraciones largas: use iteraciones mínimas o largas y no dependa de los comentarios de las partes interesadas. El motivo por el que necesita aplicar el desarrollo iterativo es ayudarlo a recibir una respuesta y acomodarla más rápido. Se cree que una vez que pierda los beneficios principales de estas prácticas, permanecerá con menos de cuatro iteraciones o una sola iteración que dure más de dos meses.

- Monitoreo impulsado por la documentación: aquí es donde se busca el estado que existe en los primeros dos tercios del proyecto, en función de la revisión de las especificaciones y los productos de trabajo intermedios, en lugar de analizar todos los resultados.

Tipo de hitos basado en el riesgo

El desarrollo iterativo es uno de los enfoques más efectivos una vez que se integra con un balance de reducción temprana de riesgo y creación de valor. Esto implica que usted prioriza lo más crítico para concentrarse en cada sprint. Puede decidir crear las funciones y representar los mayores riesgos comerciales y técnicos que ofrecen el mejor valor. Dicho esto, estos objetivos no están completamente alineados. Por lo tanto, forzará una elección deliberada entre maximizar la creación temprana de valor y la reducción del riesgo.

Para reducir el riesgo, esto puede llevar a incertidumbre en la elección de la tecnología, esto consiste en opciones comerciales disponibles y estabilidad arquitectónica junto con el dominio de la efectividad de un equipo. La reducción en la incertidumbre puede llevar a estimaciones de variación como resultado del vínculo directo entre los factores y las estimaciones potenciales.

Dado que una reducción temprana y la creación de valor son fenomenales para el éxito de un proyecto, es vital contar con los puntos correctos. Recuerde, la reducción de riesgos debe asegurarse de que haya un equilibrio entre el valor creado y el código de ejecución al forzar decisiones difíciles que deben tomarse antes. El balance preciso para un proyecto independiente que puede ser diferente del siguiente.

Importancia de un hito basado en el riesgo.
Estas son algunas de las ventajas de un hito basado en el riesgo:

- Creación temprana de valor: esto se crea al decidir las decisiones difíciles y verificar que sean decisiones correctas. Esto mostrará el estado de los sistemas como una representación de la creatividad humana. Esto demuestra que puede tener la mejor innovación al principio del proyecto.

- Se evita la pérdida temprana: algunos proyectos se basan en suposiciones erróneas y están obligados a fallar sin importar qué. Aunque la mayoría de estos proyectos son desafortunados, es posible que desee evitar gastar mucho dinero antes de darse cuenta de que el proyecto fue una idea equivocada. Si aplica un tipo de iteración basada en el riesgo, podrá identificar proyectos de este tipo antes de perder la mayor parte de su dinero.

- Aumente la productividad: cuando elimine los riesgos técnicos al principio de su proyecto, aumentará la rapidez con que sus proyectos se estabilicen. Esto allana el camino para una ejecución rentable, ya que solo algunas incógnitas técnicas pueden surgir más adelante en el proyecto o impactar negativamente en el proyecto. En general, esto aumenta la productividad.

- Reducir la estimación de varianza: las estimaciones contendrán alguna varianza y este tipo de varianza es proporcional al riesgo. Si elimina el riesgo antes, significará que la variación contenida en las estimaciones se reduce rápidamente.

Compensaciones
- Proceso adaptativo: se asemeja a la planificación adaptativa. Es importante que te adaptes al proceso. En caso de que sus procesos sean demasiado prescriptivos, no podrá entregar al equipo la flexibilidad adecuada que se necesita para tener éxito, especialmente durante las etapas de innovación.

- Nuevo paradigma de planificación: la eliminación del riesgo ocurre una vez que cambia las tácticas según el tipo de riesgo que espera. El hito impulsado por el riesgo requiere un proceso de planificación adaptativo que es importante para prepararse para la realidad.

Anti-patrones

- Proceso del cortador de galletas: el equipo se ve obligado a adherirse a un proceso detallado, prescriptivo y frecuente que ofrece la posibilidad de descubrir riesgos.

- Seguimiento basado en documentos: en el siguiente caso, el riesgo se resalta y se agrega a una lista de riesgos existentes. Estos riesgos son luego discutidos por el comité del proyecto y abordados por el equipo. No es bueno señalar un riesgo si lo único es quejarse de que no tiene el presupuesto y el tiempo adecuados para manejarlo bien.

- Planificación integral: los planes detallados de todo el proyecto se generaron anticipadamente y permiten a la administración monitorear el plan del proyecto restante.

Adaptando el proceso

Se recomienda adaptarse al proceso de desarrollo que requiere un proyecto específico. No se trata de un proceso que mejora o menos proceso es mejor. Sin embargo, tanto la precisión como el control en el proyecto deben personalizarse en diferentes factores. Esto debería incluir el tamaño y la distribución del equipo, la cantidad de restricciones aplicadas externamente, la etapa en la que se encuentran las restricciones en el proyecto y el deseo de rastreabilidad y audibilidad del proyecto.

Muchos procesos típicamente reducen la creatividad. Esto significa que tendrá que aplicar la menor cantidad de procesos cuando se inicie el proyecto, especialmente cuando existe incertidumbre diaria en el proyecto. Por otro lado, si comienza tarde en un proyecto, querrá tener más funciones de control que le permitirán eliminar cualquier característica no deseada. Además, querrá eliminar los riesgos relacionados con la introducción de defectos tardíos. Esto podría llevar a más procesos de proyecto.

En tercer lugar, la organización debe centrarse en un aumento continuo de los procesos. Realice un análisis hacia el final de cada iteración y el final de un proyecto para mantener las lecciones aprendidas y adoptar el conocimiento para mejorar el proceso. Inspire a los miembros de un equipo para buscar constantemente los cambios para mejorar y entregar mejoras a las organizaciones involucradas en la mejora del proceso.

Beneficios

Cuando te adaptas al proceso viene con varios beneficios:

- Aumento de la productividad: un proceso adaptado a los requisitos del proyecto puede disminuir o aumentar los niveles de producción de un proyecto al proporcionar una fuerza integral fuerte al equipo. El resultado final es un aumento en el esfuerzo dedicado a la producción. Como resultado, la productividad de los miembros individuales aumenta al mostrar ejemplos y plantillas.

- Resultados repetibles: los procesos que son adaptables ayudarán a un equipo a estar familiarizado con los requisitos del proyecto. Esto asegura que un equipo proporcione el soporte y la flexibilidad necesarios para lograr resultados repetibles. Pero los resultados repetibles pueden requerir que una persona tenga la capacidad de adaptación en el proceso que cumpla con los requisitos del proyecto.

Compensaciones

- Conocimientos de requisitos: para que uno se adapte al proceso de la manera correcta, la organización debe tener suficientes conocimientos de ingeniería de software para ayudar a comprender si la práctica debe utilizarse y en qué nivel debe aplicarse.

- Requiere inversión: en qué momento debe adoptar el proceso, debe tener algún conocimiento de inversión para asegurarse de que la adopción y el despliegue se realicen correctamente.

- Variaciones de control: si va a permitir que los equipos se adapten al proceso, aumentará la dificultad de gobernar un proyecto. Esto es especialmente cuando desea confirmar que se siguen las prácticas correctas en todo el proyecto. Otra razón es que los equipos pueden querer un producto funcional único en diferentes ocasiones.

Anti-patrones

A continuación, enumeramos algunos de los anti-patrones asociados a la adaptación del proceso.

- Un proceso consistente y repetible: independientemente de que aplique un proceso similar o no, el objetivo siempre debe ser ofrecer variabilidad y ofrecer espacio para que cada proyecto tenga éxito.

- Más proceso es importante: es importante tener en cuenta el proceso adicional, aumentar la documentación y una planificación detallada por adelantado. Esto tiene que incluir centrarse en las primeras estimaciones.

- Proceso ad-hoc: en este caso, debe intentar crear un Procesar o adaptar el proceso cada vez que falle.

Mejora continua

El desarrollo de software es un proceso más dinámico. Por esa razón, los requisitos, los miembros y las prioridades del equipo pueden cambiar. Además, el desarrollo de software se ha vuelto más complejo porque abordará diferentes problemas conflictivos. Dado que es dinámico y un poco complejo, es muy difícil de predecir correctamente al inicio de los detalles del proyecto. Es posible que tenga que intentar, sin embargo, para ser efectivo en el desarrollo de software, es importante aprender y mejorar la eficiencia general. Existen diferentes métodos que puede aplicar para elegir posibles mejoras en la práctica del software.

1. Sesiones informales de mejora

En la mayoría de los casos, querrá reunir a su equipo y partes interesadas para pedirles que discutan el estado actual del proyecto. Esta reunión también implica una discusión de las cosas que se pueden hacer para mejorar el proyecto.

2. Retrospectivas

Este tipo de reunión tiene cuatro preguntas que lo guían. Las cuatro preguntas incluyen cómo se hizo algo correctamente, si no discutimos, ¿podemos olvidarlo? ¿Qué lecciones aprendimos? ¿Cuáles son algunas de las cosas que necesitamos cambiar? ¿Qué nos sorprendió realmente? La función de una retrospectiva es elegir posibles áreas para mejorar.

3. Buzón de sugerencias del personal

Hay ciertos momentos en los que la forma más fácil de elegir posibles formas de mejora es facilitar la retroalimentación en cualquier momento de personas anónimas. Esto es cuando el buzón de sugerencias del personal se convierte en una herramienta importante. Puede ser una caja física aunque la mayoría de ellas se han implementado electrónicamente.

4. Proceso editable

Esto ofrecerá al equipo el estándar adecuado, así como el permiso y las herramientas.

5. Reflexión personal.

El hábito correcto de cultivar en su personal es dejar que se tomen el tiempo para pensar cómo hacen las cosas, la forma en que se relacionan con los demás y cómo están logrando sus metas. Este tipo de reflexión proporcionará una estrategia personal de mejora. Además, también puede proporcionar una mejora general.

Beneficios

Existen diferentes ventajas que se realizan con la siguiente práctica:

- Aprende a medida que avanzas. Los equipos deben aplicar los nuevos conocimientos de la mejor manera posible en lugar de la necesidad de esperar al siguiente proyecto. Esto puede aumentar rápidamente la productividad. Es la mejor manera de integrarlo con la práctica "Desarrollar de forma iterativa" porque las lecciones aprendidas en un solo sprint se aplican en el próximo sprint.

- Mejor control sobre su destino: esta práctica en particular inspirará a los equipos a llevar a cabo su propio proceso de mejora y apoyará la autoorganización rápidamente.

Compensaciones

- **Actuar: no es necesario** seleccionar oportunidades de mejora si no puede trabajar en ellas.

- **Necesita inversión**: es importante pasar un tiempo lejos del cronograma de su proyecto y asegurarse de usar ese tiempo para mejorar las actividades.

- **Sé honesto contigo mismo:** Esto es aún más importante. Muchos tipos de problemas experimentados por los equipos son el resultado de los propios miembros y lo que sea que se presente entre ellos. Es importante que participe en un proyecto para sentirse mejor y saber que va a ser útil. Además, debe poder identificar un problema independientemente de si otros miembros estarán en su contra o no.

- Cambie el proceso de configuración de su administración: equipos específicos pueden requerir que usted cumpla con un conjunto de regulaciones que requieren que uno defina el proceso de un equipo.

- Además, el equipo debe validar que el proceso se adhiere a un conjunto de condiciones. Los resultados finales son que debe monitorear todos los cambios que tienen lugar en su proceso, analizar las razones para realizar esos cambios y examinar el momento en que se realizó el cambio para cumplir con las regulaciones.

Anti-patrones

- Mejora retrasada: la mejora potencial del proceso se llevará a cabo hacia la ronda final de un proyecto. En este punto, puede ser tarde para que un proyecto trabaje en las lecciones seleccionadas.

- Cumplimiento integrado: describe un conjunto de normativas, orientación corporativa y políticas automatizadas. El tipo de cumplimiento más fácil le permitirá a una persona lograr la

75

oportunidad adecuada que los expertos en TI pueden cumplir. A pesar de eso, cumplir requiere que se tomen pasos importantes, especialmente cuando se dice que el trabajo es oneroso por personas que realizan tareas adicionales que son similares al esfuerzo realizado por los equipos de desarrollo.

Cumplimiento Integrado

Cuando se trata de cumplimiento integrado, la intervención humana es importante. El cumplimiento se adopta en la cultura cuando las personas comienzan a conocer las razones por las que es importante. No todos en el departamento de TI deben conocer los detalles, sin embargo, es muy importante para ellos tener algún conocimiento de las necesidades de la organización para mostrar cómo se calculan los números financieros.

Además, no todos deben ser expertos, pero deben saber que la coherencia es importante. Una vez que toma la decisión de cumplir con la cultura corporativa a través de la educación, las actividades como las revisiones se vuelven fáciles de realizar porque las personas adoptarán el cumplimiento en su trabajo.

Beneficios

A continuación se presentan algunos de los beneficios que vienen con el cumplimiento:

- Menor costo: una vez que ha aplicado el cumplimiento en sus procesos, tiende a reducir el límite de cumplimiento. Los métodos manuales de cumplimiento pueden parecer costosos en la práctica pero no son efectivos en absoluto porque las personas tienen el siguiente hábito de evitar sistemas avanzados de cumplimiento.

- Menos rechazo de los equipos: la burocracia no acepta a muchos expertos en TI, especialmente uno que comienza a partir de los requisitos de cumplimiento. El cumplimiento incorporado hace posible que las personas realicen lo correcto.

- Mayores niveles de cumplimiento: una vez que los requisitos de cumplimiento están automatizados, es muy probable que los equipos de proyecto necesiten cumplir y presentar documentación como prueba. Por ejemplo, para mejorar la trazabilidad de los requisitos en caso de que el sistema de control de versiones requiera que los individuos verifiquen el producto de trabajo para mostrar el requisito o el tipo de problema seleccionado.

Compensaciones

Hay varios tipos de compensaciones asociadas con el cumplimiento incorporado.

- **Inversión cultural:** es muy importante que dedique tiempo a crear una cultura de cumplimiento dentro de la organización. Esto debe incluir hacer un esfuerzo para invertir en la creación de un taller de capacitación. Además, ofrezca espacio para el desarrollo de una guía pragmática para que las personas deduzcan.

- **Agilice el proceso:** primero, evalúe el proceso y los requisitos de cumplimiento actuales. Busque formas de incorporar un conjunto mínimo de tareas de cumplimiento en el proceso de desarrollo de software actual. Es importante que usted tenga el conocimiento y la inversión correctos.

- **Inversión en herramientas:** cuando llegue el momento de comprar nuevas herramientas de trabajo para ayudarlo a automatizar, asegúrese de que las herramientas cumplan con el proceso existente. Una vez más, es posible que deba adoptar las características anteriores en el nuevo conjunto de herramientas. Por lo tanto, se recomienda realizar un análisis primero antes de continuar con la configuración de la herramienta.

Anti-patrones

• Inundación de documentación

Esto implica que debe cumplir con una prioridad avanzada que la necesidad de un negocio diario y su organización debe comenzar a aplicar el papeleo correcto. Su objetivo tiene que limitar el trabajo que necesita para asegurarse de que cumple.

• Cumplimiento del miedo

A las empresas les encanta invertir sus soluciones. Muchas de las regulaciones tienen un margen de maniobra particular para ser incorporadas. Típicamente, un reconocimiento tiene diferentes propósitos que se enfocan en diferentes niveles de cumplimiento. Un problema común es no mostrar al personal de primera línea para ayudar en el cumplimiento. Esto puede ayudar a limitar las posibilidades de seleccionar un enfoque pragmático para un nuevo mandato.

Medidas

Todos los tipos de prácticas incluidas aquí son factores eficientes para canalizar la toma de decisiones ejecutiva informada que permitirá incentivos y objetivos. Estas prácticas incluyen:

- Métricas simples y relativas.

- Seguimiento continuo de proyectos.

Métricas simples y relevantes

Es importante tener en cuenta las medidas. Dirigen a un individuo para que diga cómo se hacen ciertas cosas y las hace correctamente. Sin embargo, hay diferentes cosas que debe considerar antes de aplicar las métricas.

- **Las métricas deben ser simples:** muchos tipos de organizaciones deciden usar métricas o evitar usarlas por completo. Esto significa que están exagerando o fallando en su aplicación. Las métricas simples tienen dos propiedades. Primero, es simple organizar las métricas y describirlas. En segundo lugar, debería ser fácil de entender y describir las métricas para permitir que uno tome medidas una vez que sucede algo incorrecto.

- **Las métricas requieren relevancia:** aún así, estas organizaciones que recopilan métricas no hacen mucha acción en los resultados. Una de las razones de esto es que las métricas no son suficientes. Para cada métrica, es importante definir la acción a tomar dependiendo de una medida dada. Si puede enumerar las acciones a realizar, entonces no es necesario

79

realizar la medición. Aparte de eso, es importante que tenga las métricas mínimas porque desea centrarse en los factores principales.

Ventajas de métricas simples y relevantes.

- **Gobierno indoloro:** esto define una colección automatizada que limitará el tiempo y la administración. Las métricas simples ayudarán a disminuir el nivel de complejidad una vez que implemente una colección de métricas manual. Esto ayudará a reducir el costo de la gobernabilidad.

- **Gobierno proactivo:** las métricas correctas presentarán algunos avisos en caso de que algo malo suceda en una etapa temprana en comparación con cuando lo notó. Si identifica un hábito de los defectos emergentes, puede terminar pensando que va a producir un producto de baja calidad al final de la iteración. Por lo tanto, debe saber cómo realizar un alcance fuera de las funciones en la siguiente iteración para asegurarse de que produce un mejor producto. Si se entera pronto de un problema, le proporcionará la opción de implementar un plan para solucionar el defecto.

- **Mejora de procesos**: las métricas son un medio mejor para ayudar a una persona a saber qué puede funcionar y qué puede fallar. Esto tiene la oportunidad de producir la información necesaria para garantizar que haya una discusión abierta en relación con lo que salió mal y cómo se pueden solucionar los desafíos en el futuro.

Compensaciones

- **El número de métricas:** una vez que comience a recopilar métricas, puede ser tentador reunir otros tipos. Esto puede parecer difícil y complejo. Sin embargo, es mejor comenzar siempre con las métricas mínimas, luego puede aumentar lentamente la cantidad de métricas. Recuerda, menos es mejor. Mientras selecciona nuevas métricas, se deben eliminar las métricas antiguas. A menos que el costo se incremente en la recopilación de métricas y los rendimientos también se reducirán.

- **Rock the boat**: una vez que haya recopilado las métricas, es posible que muestre verdades específicas contenidas en la organización que las personas querrán ocultar. Si no tiene las métricas, no puede ir a ninguna parte. Si esto sucede hacia las etapas finales de un proyecto, puede descubrir que está condenado. Esto implica que necesitará imaginar las razones o incluso imaginar por qué el proyecto no tuvo éxito al principio.

- La ausencia de métricas para usar en el análisis hará que se te ocurran excusas. Sin embargo, las métricas son importantes porque dan forma a la visión objetiva de lo que puede salir mal en la siguiente situación. En muchos incidentes, demostrará ser una integración de cosas que incluyen problemas que hacen que un individuo se relacione con la organización.

- **Inversiones:** Las métricas están disponibles de forma gratuita. Entonces, si planea automatizar las métricas, debe tener una inversión inicial. En caso de que esté utilizando métricas manuales, debe tener una inversión inicial más pequeña.

- **Confianza:** Las métricas son una herramienta invaluable que puede utilizar para obtener una discusión honesta, para aprender y premiar a las personas. Es una obligación castigar a las personas en caso de que las métricas sean malas.

- **Hable con las personas:** a veces, las métricas pueden demostrar con regularidad que hay un problema, pero nunca revelarán toda la información que pueda necesitar para que pueda tomar una excelente decisión. Es muy importante hablar con la gente más a menudo para que pueda comprender el proceso real.

Anti-patrones

Los siguientes son algunos de los anti-patrones relacionados con las métricas:

- **Métricas sin acción:** una vez que recopila las métricas y no realiza ninguna acción mientras las métricas alcanzan un umbral particular, es posible que deba pagar el costo de la recopilación de las métricas.

- **Documentos que dependen del valor obtenido:** en el sistema tradicional de gobierno, es posible que deba tener en cuenta un porcentaje particular de "valor generado".

- Eso representa el progreso. Sin embargo, el valor tradicional presenta una falsa sensación de progreso de seguridad. La única medida de progreso en el proyecto de desarrollo de software debe incluir un software que funcione.

Monitoreo continuo de proyectos

En un monitoreo continuo del proyecto, se explica el significado de los términos. Supervisará de cerca el estado de los proyectos de TI en la organización a través de métricas automatizadas, revisiones de proyectos y el boca a boca. Muchas organizaciones tienen

Proyectos de TI que contienen su propio estado actual que cambia en todo el ciclo de vida del proyecto. Los proyectos pueden existir en diferentes puntos y zonas horarias. Además, puede tener diferentes procesos de software en la organización. Independientemente de los desafíos, cada proyecto debe cumplir en caso de que no esté bien protegido. A continuación se presentan diferentes métodos que pueden ser importantes en el monitoreo continuo del proyecto.

- **Revisiones del proyecto:** Una revisión del proyecto puede incluir diferentes revisiones de hitos. Esta es una revisión periódica que tratará el final de la iteración y muchos otros indicadores de gestión. Esto asegurará que el código de trabajo se entregue y satisfaga a los interesados actuales.

- **Automatizar mediciones:** las métricas de un proyecto que se almacenan a través de medios automatizados se aplican en el proyecto general. Las siguientes métricas se crean y muestran con la ayuda de un software de cuadro de mando del proyecto que mostrará el estado de un proyecto.

- **Comunicación verbal:** hay muchos escenarios que suceden cuando el enfoque correcto requiere que uno elija el estado actual de un proyecto y escuche lo que digan las personas. Si desea hacer un seguimiento de un proyecto, es bueno si puede pedirle a una persona que le avise. Es posible que las métricas indiquen que algo está sucediendo, pero hasta que lo confirme preguntando al equipo, es difícil saber la verdad de lo que está sucediendo.

- **Revisiones post mortem:** este tipo de revisión solo se realizará cuando finalice el proyecto porque el sistema ya se habrá implementado en producción. Una vez que un proyecto se declara exitoso, el objetivo es medir el momento en que se realiza la visión del proyecto.

Pros

- **Gobierno basado en hechos:** si monitorea continuamente los proyectos, es posible basar las actividades en hechos actuales. El detector de problemas más común tiene diferentes variaciones de las tendencias negativas.

- **Gobernanza eficaz:** Esto garantiza que haya un comportamiento correcto del proyecto entre los equipos. El monitoreo continuo dará como resultado el comportamiento correcto en todo el proyecto y no solo los puntos clave.

- **Retroalimentación temprana:** el monitoreo continuo presenta una detección temprana de problemas que ayuda a una persona a tomar la decisión correcta rápidamente. Esto hará que reciba proyectos que lleguen a tiempo si es necesario o incluso los cancele una vez que pierda la cantidad.

Compensaciones

- Es bueno seleccionar las métricas correctas: obtendrá lo que sea que mida. Esto significa que los equipos deben entender todo lo que les obliga a monitorear las métricas y asegurarse de que se concentran en las cosas que se miden. Este es un hecho psicológico que explica todo lo que mides correctamente. Si mide la inversión y la función entregada, resulta que es un gran comienzo porque aprovechará las métricas simples que definen la efectividad de un equipo de proyecto.

- **Sea flexible:** las métricas y las tendencias muestran que el cambio es importante en todo el proyecto.

- **Las señales de advertencia son solo señales de advertencia:** los proyectos no siempre son iguales pero diferentes. Hay diferentes indicadores de advertencia que muestran desafíos a largo plazo que pueden ser abordados y otros signos que pueden revelar un nivel de dificultad a corto plazo que no necesita gobernabilidad.

- **Invertir en automatización:** a corto plazo, es importante invertir en herramientas para asegurarse de que puede recopilar automáticamente las métricas que le interesan.

- **Hablar con la gente:** las métricas indican signos de precaución. No pueden mostrar con precisión el tipo de desafíos que experimenta un equipo o entregar la información requerida por un equipo. Para asegurarse de que controla un proyecto, debe participar activamente con el equipo y trabajar de la mano con ellos.

Contras

- **Gestión de las métricas:** las acciones correctas que se consideran para solucionar los desafíos dependen de las métricas en sí mismas y no de la forma en que usted comprende la fuente de los problemas. Por ejemplo, imagine que los defectos que un equipo informa aumentan en un 57% en un solo sprint. Esto podría indicar que el equipo está atrapado en problemas o se aplica el mejor probador.

- **Diluvio de métricas:** es el problema más común asociado con la recopilación de métricas automatizada porque es posible que tenga que recopilar las métricas porque es fácil hacerlo. Cuando tiene algunas métricas que proporcionan información valiosa, es importante hacer una comparación.

Capítulo 5

Gestión de cuellos de botella

———————◆———————

¿Cuándo se supone que debes encontrar un cuello de botella?
Ser consciente y controlar su cuello de botella es una medida de rendimiento importante. Sin embargo, es importante manejar grandes problemas primero. Simplemente porque puede identificar el cuello de botella no implica que pueda seleccionar el cuello de botella y debe ser su mayor prioridad.

Muchos de los problemas en la industria manufacturera incluyen el tiempo, el costo y la calidad, y en algunos casos, una compensación entre los criterios anteriores. Si su tarea más importante incluye la calidad y los clientes devuelven productos, el cuello de botella tiene el menor impacto en los problemas principales. Por lo tanto, la detección de un cuello de botella y la administración pueden no ser su mayor prioridad. Sin embargo, es importante solucionar los problemas que incluyen la calidad.

Si su mayor problema hasta ahora es el costo, entonces si mejora el cuello de botella, podría brindarle ayuda. Pero antes de poder saltar a una detección de cuellos de botella, es importante confirmar el tipo de palancas que afectan el costo. La capacidad del cuello de botella es solo una de las muchas palancas que afectan el costo. Es importante preocuparse por las palancas más prometedoras que podrían no existir en la capacidad del cuello de botella.

Si su problema principal tiene que ver con el tiempo, entonces su cuello de botella podría tener algún tipo de influencia. Sin embargo, esto depende de las incidencias.

Tenga en cuenta el tiempo de entrega, es mejor reducir el inventario a través del flujo de material. A la inversa, si cumple con las medidas de capacidad, es bueno mejorar el estado del cuello de botella.

Esto no debería ser solo para cuellos de botella, sino para el conjunto. Antes de hacer un cambio para cambiar algo en el taller, asegúrese de que esta técnica sea la mejor para tratar los problemas más críticos. En cuanto a este tipo de cuellos de botella, se imagina que para la incidencia actual, la gestión del cuello de botella es la opción correcta.

Resumen de los cuellos de botella

Existen diferentes técnicas que se pueden usar para controlar un cuello de botella. Todos los enfoques comienzan con la detección de un cuello de botella. La gráfica que se presenta a continuación tiene algunos de los métodos que se pueden usar para mejorar la capacidad del cuello de botella.

Aumentar la velocidad de utilización es una de las mejores maneras. Si opta por desacoplarse, es posible que requiera tiempo y dinero adicionales para solicitar. La técnica más lenta es mejorar la capacidad que requerirá ingeniería y compras. Sin embargo, aún es difícil entender por qué la mayoría de las personas en los Estados Unidos comienzan con la capacidad técnica más lenta y costosa en el cuello de botella.

¿Qué pasa si después de la mejora del cuello de botella, el sistema tiene que ser verificado? Si es necesario, este proceso debe repetirse. Todos estos métodos deben estar disponibles.

Selección de cuellos de botella

Para mantener sus cuellos de botella, debe buscar el cuello de botella. Esto no es fácil, especialmente para un cuello de botella cambiante contenido en los sistemas de producción. Si desea cambiar y avanzar un proceso específico que no sea un cuello de botella, entonces su sistema no cambiará.

Por lo tanto, es importante conocer el tipo de cuellos de botella, especialmente los cuellos de botella que cambian constantemente y el tipo de métodos que funcionan y no funcionan para descubrir un cuello de botella.

Mejorar la utilización del cuello de botella

¿Por qué la utilización es la técnica más fácil?

Existen cuellos de botella en las líneas de fabricación. Como medio para obtener una descripción general, solicite a la administración que le informe sobre algunas de las áreas en las que creen que existe un cuello de botella. La mayoría de las veces, la gerencia cree que conoce el cuello de botella y señalará las áreas que se sospecha que existen. Bueno, en muchas ocasiones, la administración se referirá a una máquina inactiva. La máquina de cuellos de botella no funciona.

El proceso de cuello de botella afecta a todo el sistema y queda inactivo como resultado de un proceso defectuoso. Para asegurarse de que avanza el cuello de botella, deje siempre el cuello de botella inactivo.

Esta es una de las formas principales y sencillas de mejorar el cuello de botella. Tienes tu dispositivo, operadores y partes. Solo necesitas fusionarlos. Simplemente verifique que el cuello de botella esté inactivo. El concepto estándar se puede mejorar utilizando detalles adicionales.

Tratar con los descansos programados

A los trabajadores y empleados les gusta ir por los descansos, ya sean descansos programados y no programados. Aparte de los descansos programados, también tienen esos descansos causados por la naturaleza.

Esencialmente, la máquina tiene que pasar al estado inactivo durante los descansos. Sin embargo, existe la posibilidad de tener pausas programadas que asegurarán que la máquina continúe funcionando. Por ejemplo, el primer operador se romperá antes que el segundo operador. Esto significa que para cuando el primer operador regrese de las pausas, el segundo operador habrá realizado algunas tareas. Por lo tanto, el primer operador simplemente asume el control desde donde se fue el primer operador. En este caso, la máquina no descansará sino que funcionará continuamente.

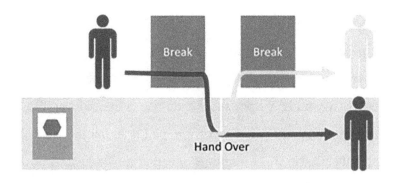

Manejando descansos no programados.

Es un poco difícil manejar los descansos no programados. Un operador puede requerir entrar al baño. No puedes planear esto. Por lo tanto, es importante que tenga otro trabajador para estar en espera. Este trabajador debe poder llenar la vacante del primer operador cuando esté ausente.

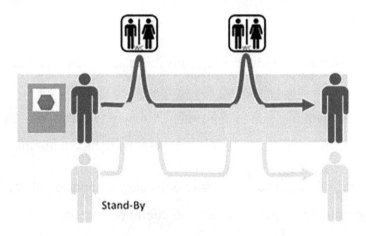

Por naturaleza, esto es ineficiente para tener un solo operador en espera hasta que su colega regrese. En su lugar, a este puente se le han asignado algunas tareas adicionales que se pueden interrumpir sin causar ningún problema.

Nota

Antes de pasar a asignar al supervisor de su taller las responsabilidades de la cobertura de descanso del inodoro, recuerde que un líder de equipo en el Toyota es responsable ante 4 o 5 operadores. En muchos países occidentales, un supervisor de planta maneja entre 20 y 25 personas. Este último es claramente incapaz de lidiar con el descanso del baño, además de la presencia de muchas responsabilidades.

Horas extra y turnos extra

Ciertos métodos pueden llevar al uso continuo del cuello de botella.

En teoría, la máquina puede trabajar veinticuatro horas al día o incluso siete días a la semana. En la práctica, esto es bajo. Si tiene horas extras, puede decidir hacer turnos adicionales. Todo esto puede cambiar la forma en que utiliza la máquina.

Para procesos avanzados, existe la posibilidad de llenar la máquina con partes antes de que se cierren los turnos. Una vez que los trabajadores se van, la máquina puede continuar trabajando hasta que las partes restantes se procesen o la máquina se detenga debido a algunos errores.

En general, si aumenta la utilización, generalmente es el medio más rápido y económico para aumentar el cuello de botella.

Mejorar la planificación de cuellos de botella

Tanto la detección como la gestión de cuellos de botella son cruciales cuando se desea aumentar la capacidad de producción del sistema. Esta sección analizará el efecto de la planificación en la capacidad de producción general.

Planificación y flujo de materiales.

Hay muchas maneras en que el proceso de producción de un sistema puede afectar la capacidad general. A corto plazo, necesita producir los productos correctos. A largo plazo, puede decidir nivelar la capacidad y manejar cuellos de botella estacionales.

Aplicar el sistema de tracción.

Uno de los principales factores para optimizar la aplicación del cuello de botella es generar los productos correctos. Sin embargo, en la mayoría de las industrias, el producto correcto puede cambiar rápidamente.

Hay algunos clientes que pueden cancelar pedidos. Otros clientes importantes pueden tener una orden de emergencia. Además, su jefe puede hacer una llamada telefónica en cualquier momento para informarle lo que es importante en ese momento.

En otras palabras, lo que podría ser urgente ayer puede ser completamente diferente de lo que es el producto más urgente hoy. El sistema de producción tiene que ser más ágil para considerar todos estos cambios. Por lo tanto, es importante decidir lo más tarde posible qué desea aplicar como su capacidad de cuello de botella.

Naturalmente, los trabajos se acumularán frente al cuello de botella como el proceso más lento. En caso de que tenga un sistema de empuje, sus tareas se acumularán frente al cuello de botella. Cualquier forma de priorización que pueda haber tenido durante el tiempo en que se agregó el trabajo al sistema ya habrá desaparecido.

Por lo tanto, en un sistema de inserción, es más probable que genere los productos incorrectos con la menor prioridad. Utilice un sistema de extracción para gestionar los cuellos de botella. En general, todo sistema de fabricación se beneficiará altamente de un sistema de tracción. Además de esto, hay ventajas importantes una vez que selecciona la prioridad y solo cuando el sistema tiene el potencial para funcionar.

En caso de que el sistema de extracción entregue un producto que se debe almacenar solo a través de Kanban, se va a auto-poetizar. Si libera algunos productos hechos a medida para ordenar, eso significa que no puede tenerlos en stock. En esta situación, Kanban es solo una señal que viene, tiene que seleccionar el trabajo más urgente de la lista completa de tareas disponibles.

Aplicar el sistema de tracción correcto.
Si está utilizando un sistema Kanban, ya ha terminado con el primer obstáculo con cuellos de botella. Pero en caso de que el cuello de botella no cambie mucho, es posible ajustar el sistema. Si tiene varios procesos que se suman a su sistema, hay muchas maneras de configurar los bucles Kanban.

Por ejemplo, en un sistema que tiene tres procesos, tendrá cuatro opciones para elegir si desea hacer un bucle en el Kanban. Pero para el caso de un cuello de botella, es importante decidir lo más tarde posible lo que desea producir. Si una señal proviene del cliente, se recomienda llevar la señal al cuello de botella de la manera más directa posible, así como llevar el producto al cliente lo más rápido posible.

Tamaños de lote

Esto también puede afectar la aplicación del cuello de botella. En general, si el tamaño del lote es más pequeño, más cerca puede seguir la demanda del cliente. Por naturaleza, si su tiempo de cambio no es cero, es posible que no desee cambiar a menudo. Sin embargo, no necesita cambiar demasiado raramente a medida que genera los bienes incorrectos.

Estacionalidad

La mayoría de las industrias tienen una demanda estacional de los clientes. En estas ocasiones del año, la demanda suele ser alta pero a veces baja. La demanda generalmente aumenta en otoño y principios de invierno cuando la gente quiere comprar sus equipos para la próxima temporada de invierno.

Desacoplamiento del cuello de botella

Basado en su naturaleza, cambio de cuello de botella. Los pequeños cuellos de botella cambiarán. Cuanto más grande sea el búfer, menos probable es que el cuello de botella cambie. Por lo tanto, puede aumentar la capacidad de su sistema agregando más buffers antes y después del mayor cuello de botella.

Obviamente, esto también será una compensación. A través del desacoplamiento, aumentará el inventario y el nivel de respuesta del sistema se volverá lento. Sin embargo, aquí hay un pequeño truco. Según su naturaleza, los buffers que están fuera del cuello de botella a menudo están llenos. Esto significa que recibe todos los efectos negativos que vienen con un aumento en el inventario.

Por otro lado, los buffers que vienen después del cuello de botella a menudo están vacíos. Se llenan una vez que se requiere el desacoplamiento real hacia un proceso posterior. Por lo tanto, recibirá todas las ventajas del desacoplamiento, pero solo algunos de los inconvenientes, deberá tener el espacio listo para contener las piezas. Como resultado, el búfer después del cuello de botella podría ser preferible al búfer antes del cuello de botella.

A pesar de esto, no se supone que debes soltar tu búfer antes del cuello de botella a cero. De lo contrario, el cuello de botella puede perder eficiencia. Otra razón es que desacoplar el cuello de botella no implica que no tenga otros buffers requeridos en el sistema. En caso de que simplemente bloquee su cuello de botella y no suceda nada, existen posibilidades de que las interacciones entre otros procesos puedan impactar con frecuencia el mayor cuello de botella. Por lo tanto, es una buena práctica asegurarse de tener algo de búfer entre estaciones.

Mejoras de capacidad

Realizar una actualización o instalar nuevas máquinas.

Por último, si desea aumentar el rendimiento del sistema, debe aumentar la capacidad del cuello de botella. La mayoría de las veces, esto incluye realizar una actualización de las máquinas existentes. Por algunas razones, este método lento y costoso es a menudo el primero que es elegido por muchas compañías. En lugar de mejorar la utilización gratuita, o incluso ajustar la planificación con poco esfuerzo, o gastar tiempo y esfuerzo para desacoplarse, la mayoría de las empresas saldrán y solicitarán una máquina costosa.

Bueno, esto no solo es lento y costoso sino también muy arriesgado. En caso de que no haya identificado el cuello de botella, es posible que haya instalado una capacidad adicional sin beneficiar al sistema.

Identificar cuellos de botella mediante la asignación de flujo de valor

Cuando se trata de identificar cuellos de botella en el desarrollo de software, esa también es otra área en la que muchas empresas e individuos tienen un problema. Muchos desarrolladores se preguntan dónde podrían estar los cuellos de botella. Si bien puede estar familiarizado con algunos de los cuellos de botella comunes, por ejemplo, si una compilación finaliza en aproximadamente 5 horas. Sin embargo, este puede no ser el mayor cuello de botella en todo el flujo de generación de valor para sus clientes. Si bien una compilación puede tardar 5 horas en finalizar, ¿eso significa que el código tardará aproximadamente una semana en llegar a la etapa de producción?

Un mapa de flujo de valor se refiere a una herramienta que una persona usa para evaluar procesos y resaltar cuellos de botella, oportunidades de mejora y desperdicio. Elegir los cuellos de botella más grandes en un flujo de proceso específico es el lugar donde sobresale la asignación de flujo de valor.

Ventajas de la asignación de flujo de valor

Para seleccionar el cuello de botella es una de las ventajas más obvias de la asignación de flujo de valor. Permitirá que toda la organización identifique el mayor cuello de botella y cómo afecta negativamente el valor. Si aplicamos el ejemplo anterior, podríamos decir que si solo es consciente del tiempo de compilación de 5 horas, es probable que esté tentado a concentrar su esfuerzo en mejorarlo solo. En caso de que no conozca el cuello de botella significativo, la siguiente semana de implementación, si decide mejorar el tiempo de compilación, es probable que el cuello de botella posterior sea mucho peor. Sin embargo, si todos en la organización pueden entender el mayor cuello de botella, eso significa que la organización se concentrará en limitar la demora en beneficio de todos, sobre todo de los clientes.

Comenzando con el mapeo de la cadena de valor
Los pasos de un flujo de valores son simples:

1. Resalta los pasos de todo el proceso. Manténgalo simple etiquetando el escenario más clave a través del proceso.

2. Recopilar datos. Registre el tiempo medio empleado para finalizar cada paso y el tiempo de espera promedio entre cada paso.

3. Cree un diagrama de flujo simple que describa los tiempos de "valor agregado" para cada paso y los "tiempos de espera" entre cada paso.

4. Seleccione la mayor demora en el flujo y descubra por qué la demora es tan larga como es. A continuación, genere un plan para limitar el retraso y trabaje en él.

Problemas comunes
En un momento dado, todas las empresas deben haber pasado por un cuello de botella en el desarrollo de aplicaciones. Los esfuerzos aplicados en el desarrollo de una aplicación no pueden coincidir con la

demanda en el negocio. Por lo tanto, los usuarios de negocios se quedaron esperando por las aplicaciones. Esta sección revisará algunos de los problemas más comunes que contribuyen al cuello de botella y algunos de los métodos que puede abordar.

Una gran pregunta para ti:

¿Cree que los esfuerzos de desarrollo de aplicaciones de los desarrolladores y programadores están a la altura de la demanda de su empresa? Cuando sus usuarios y clientes piden una solución, ¿cuánto tiempo tardan en recibir una respuesta?

Los retrasos son una de las principales causas de problemas en diferentes tipos de negocios. El desarrollo se queda rezagado detrás de la demanda y los usuarios no tienen más remedio que esperar semanas o incluso meses antes de poder recibir nuevas soluciones.

¿Cuál es el resultado final de este tipo de cuello de botella en el desarrollo? En general, siempre es doloroso y afecta al negocio de diferentes maneras. Lo primero es que impacta la productividad del negocio. Ciertos usuarios se cansarán de esperar y encontrar sus propias soluciones, sin revelarlas al departamento de TI.

Eso significa que, si su negocio está atrapado por un cuello de botella en el sector del desarrollo, tiene dos preguntas que responder: ¿Por qué está sucediendo y cómo puede solucionarlo mejor? A continuación se muestran algunas de las posibles cosas que pueden desencadenar un cuello de botella en el desarrollo de aplicaciones.

Falta de detalle en los requisitos.

¿Ha intentado explicarle a su amigo algo solo para que entiendan algo diferente? Estas personas a menudo interrumpirán lo que sea que estuvieras diciendo con algo que es completamente opuesto.

Esto sucederá, especialmente en la industria del desarrollo de software. Son los principales desafíos que experimentan muchos desarrolladores de software. Los desarrolladores tienen una tarea difícil de entender los requisitos de los usuarios. La mayoría no entiende exactamente qué quieren los usuarios que se vea el sistema. En algunas compañías de software, funciona como una cinta transportadora donde los requisitos pasan por las manos de muchas personas antes de llegar a la mesa del desarrollador.

Esto significa que, cuando el desarrollador recibe el documento de requisitos, se han realizado muchos cambios, por lo que no se capturan las notas importantes de los usuarios. En este caso, el desarrollador no tiene más opción que desarrollar una solución basada en lo que está escrito en el documento de requisitos. El resultado final es un sistema que es diferente de lo que solicitó el usuario. El usuario no tiene más opción que rechazar el sistema y devolverlo al desarrollador.

A medida que esto sucede, los proyectos restantes de los que el desarrollador fue responsable continúan demorándose.

Bueno, ¿cómo se puede manejar este tipo de problema? Una forma es darles a los desarrolladores el tiempo suficiente para interactuar con los usuarios que desean un sistema específico desarrollado. El desarrollador debe tener la oportunidad de escuchar los requisitos del usuario antes de comenzar a trabajar en el proyecto. Una interacción cara a cara entre el desarrollador y los usuarios le da al desarrollador una ventaja adicional para escuchar al usuario. Tienen la oportunidad de pedir aclaraciones sobre cualquier cosa que no haya sido clara. Una vez que comienza el desarrollo del proyecto, es importante que se muestre cualquier progreso a los usuarios para que lo vean y den sus opiniones. Este debería ser el segundo método que garantizará que se construya el sistema correcto en lugar de perder el tiempo.

Más detalles en los requisitos.

Por otro lado, más detalles en los requisitos pueden desencadenar un cuello de botella. En cualquier tipo de desarrollo, se aplicará el principio de Pareto. De acuerdo con este principio en particular, solo el 20 por ciento de las características resuelven el 80 por ciento de los problemas. En muchas ocasiones, las características que requieren mucho esfuerzo entregan el menor valor.

Sin embargo, los usuarios permanecen ciegos sobre el tiempo que puede tomar cada característica antes de que se implemente. De hecho, lo que puede aparecer como una característica simple puede tomar días antes de que se desarrolle.

Hay usuarios que son ambiciosos cuando escriben los requisitos. Estos usuarios se asegurarán de que enumeren todas las características, pero no las clasifican según su importancia. Esto agrega días, semanas y meses al proyecto de desarrollo. En este caso, el desarrollador asume que todas las características enumeradas son importantes. Para encontrar una solución a este tipo de problemas, es bueno discutir con los usuarios y darles la lista para clasificar las características según lo que es muy importante. Si puede hacer esto, tendrá una gran idea de dónde puede comenzar en su plan de desarrollo.

El aseguramiento de la calidad se realiza al final.

En cada proyecto de desarrollo, experimentará muchas incidencias en las que las cosas no van a estar bien. Hay ocasiones en que los requisitos se perderán durante el proceso de traducción. Esto significa que el producto final no podrá satisfacer las necesidades de los usuarios.

Otras veces, a los usuarios se les presenta un sistema que funciona y lo rechazan porque no es lo que querían. O puede ser exactamente lo que pidieron pero no lo que querían. A veces, los usuarios utilizan el producto final y descubren que no funciona. Tal vez, hay un pequeño error en el sistema que impide que el sistema funcione.

Entonces, ¿qué se puede hacer cuando surgen algunos de estos problemas? En la mayoría de los casos, la aplicación se remite al desarrollador para volver a trabajar. Esto significa que la duración del proyecto aumenta y esto afectará a otros proyectos en los que el desarrollador estaba trabajando actualmente. El resultado final es un cuello de botella en el desarrollo de la organización.

Bueno, ¿cómo puede un individuo solucionar este tipo de problemas antes de que empeoren? La respuesta es permitir a los usuarios participar desde el inicio hasta el momento en que se lanza el producto. Además, aplique un proceso de control de calidad al inicio del proyecto. Esto le permitirá manejar todos estos tipos de problemas antes de que afecten a otros proyectos.

Dependencia excesiva en un solo departamento.

Por lo general, una empresa atravesará un cuello de botella en el desarrollo porque un solo departamento se sobrecarga de trabajo. Por lo general, podría haber un mínimo de horas en un día para completar un proyecto.

Por ejemplo, un proyecto de desarrollo que pasa por un departamento de TI. Sin embargo, este departamento también maneja hardware, informes y muchos otros. Se vuelve difícil para este tipo de departamento dedicar la mayor parte de su tiempo a terminar los proyectos. Además, si la empresa no quiere aumentar el número de sus empleados, será difícil evitar los cuellos de botella en el desarrollo.

Para limitar la cantidad de cuellos de botella, busque tareas que la empresa pueda delegar a otras personas dentro de la organización. Por ejemplo, una herramienta de informes y Business Intelligence es una forma de carga de TI. Pero con la llegada de las herramientas de BI de autoservicio para la generación de informes, estas son ahora tareas que pueden realizar los usuarios finales. Si bien es diferente según el tipo de empresa, muchas tareas similares como la mencionada ayudan a liberar un departamento de TI.

Lo más importante es asegurarse de tener un mayor acceso a las herramientas del usuario final. Para reducir el cuello de botella del desarrollo, también es importante entregar a los usuarios las herramientas correctas que pueden usar para realizar la mayoría de sus tareas por su cuenta.

1. Deuda técnica

¿Tiene su empresa un sistema heredado? Es normal que se ejecute en sistemas que están desactualizados porque son importantes para que su empresa continúe activa. Para reemplazar este tipo de sistemas, es posible que tenga que aceptar algunos costos adicionales y venir con un plan para enfrentarlos.

Sin embargo, estos sistemas pueden no coincidir exactamente con el mundo actual. Una aplicación moderna puede no funcionar bien con sistemas antiguos. O sus sistemas heredados no están llenos de una gran cantidad de código spaghetti, que cualquier cambio que haga podría afectar otras partes relacionadas de los sistemas.

El desafío es que cada aplicación que construyas debe integrarse con este sistema. Este tipo de integración no solo consume mucho tiempo, sino que también agrega complejidad al sistema.

Resolver cuellos de botella

El mayor desafío con el desarrollo de productos de software tiene que ver con visualizar el trabajo para que pueda identificar dónde hay retrasos en el proceso de cambio de ideas de "concepto a efectivo".

Haciendo visible el trabajo

El primer paso consiste en asegurar que el trabajo permanezca visible. En el trabajo de conocimiento como el desarrollo de software, es difícil identificar el trabajo que se está realizando, que es un enfoque de visualización como Kanban. A continuación se muestra una vista de un tablero Kanban.

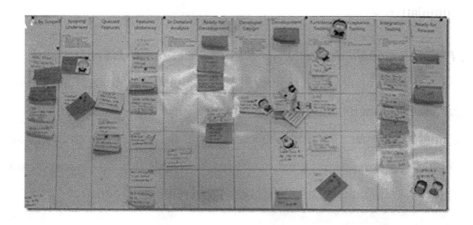

El tablero Kanban es una vista importante del "momento en el tiempo", pero es difícil identificar fácilmente los patrones que pueden desarrollarse con el tiempo. Si considera el tablero Kanban en particular, ¿facilita la respuesta a estas preguntas?

- ¿Cuánto tiempo han estado esperando los elementos de trabajo en la columna anterior?

- ¿Cuál es el tiempo aproximado para completar los elementos de trabajo en estas etapas?

- ¿Con qué frecuencia ve colas en este paso?

- ¿Son las colas un evento especial o simplemente ocurre regularmente?

Visualice el trabajo en horas extras para entender mejor las colas.
Si crea un diagrama de flujo acumulativo, aumentará la visibilidad de que hay colas de trabajo consistentes en el proceso de prueba funcional

y de prueba de aceptación a lo largo del tiempo. Las colas se representan como burbujas que se elevan en el diagrama de flujo acumulativo.

¿Puede el trabajo de detective indicar las causas de las colas?

Las pruebas funcionales requieren que alguien que no sea la persona que crea la funcionalidad valide que está bien. En otras palabras, esta es una prueba para garantizar que esté libre de errores. Una vez que se completa la prueba funcional, entonces la fase de prueba de aceptación la lleva a cabo un analista de negocios o gerente de producto.

Capítulo 6

Entrega rápida

———————◆———————

"Entregar rápidamente" es un principio importante del desarrollo de Lean Software y a todos les gusta que es una gran cosa que hacer. Nadie quiere entregar lento. El único desafío es cómo puedes hacerlo. Al mismo tiempo, un Scrum Master una vez le preguntó a un desarrollador: "¿Cómo puedo entregar rápidamente?"

Bueno, la respuesta es simple. Si desea realizar una entrega rápida, debe asegurarse de que todo su equipo piense y realice la entrega rápidamente. Pensar en pequeño describe diferentes aspectos del desarrollo ágil. Los tres factores incluyen:

1. Unidades de trabajo más pequeñas.

2. Menos trabajo en progreso

3. Maximizando el rendimiento y no la utilización

Veremos estos factores más adelante.

Como desarrollador, no te gustará la idea de un software que se encuentra en el estante. Quizás esperando semanas antes de que se despliegue. La mayoría de los desarrolladores quieren ver su pieza terminada de código canalizada en producción tan pronto como sea posible. Probablemente desee obtener comentarios de los usuarios sobre la utilidad de una técnica específica o si a los usuarios les resulta interesante utilizar una funcionalidad particular que consumió la mayor parte del tiempo.

La única vez que los desarrolladores saben cómo reacciona su código y cómo interactúan los usuarios con una característica particular es cuando se implementa.

Por lo tanto, si aumenta el proceso de entrega, estará amplificando el proceso de aprendizaje. Una entrega rápida ayuda a eliminar la posibilidad de crear suposiciones incompletas.

Además de las necesidades de un desarrollador para obtener el código en el proceso de producción, se obtienen muchos beneficios, lo que es más importante, permite que el cliente y la organización tengan un marco de tiempo razonable. Los clientes que se encuentran en el extremo receptor de nuevas funciones, que deben resolver los problemas para ellos y la empresa, pueden generar dinero a partir de dichos cambios.

Con el tiempo, los requisitos siguen cambiando. Por lo tanto, si no se publican, los requisitos siguen cambiando según las suposiciones comerciales de los analistas de negocios o del propietario del producto. Los desarrolladores quieren que los cambios en los requisitos aparezcan según el tipo de comentarios de los clientes que aplican la función en la producción.

Si bien un mes es mucho tiempo para esperar a que se cumplan los requisitos en la producción, un cambio de 1-2 en los requisitos es más tolerable que un cuarto de sus requisitos que cambian en un período de un año.

La regla 80:20 parece funcionar en los requisitos. En la mayoría de los casos, el 80 por ciento del valor se realiza en un 20 por ciento de las características. Por lo tanto, obtener el 20 por ciento muy rápido. Más a menudo, te darás cuenta de que muchas características presentes no son necesarias. Entonces, al aumentar la velocidad de desarrollo, parece validar los requisitos y eliminar el trabajo innecesario.

Como desarrollador, nada es peor que la necesidad de admitir una pieza de funcionalidad cuando se canaliza a semanas de producción o incluso meses desde que se completó. Una de las razones es que los desarrolladores olvidan algunas de las cosas que implementaron. Es por eso que es importante que reciban comentarios con anticipación para que, en caso de que las cosas no funcionen bien, no deban preocuparse por recordar lo que hiciste.

Para lograr esto, es necesario que los desarrolladores incluyan prácticas e infraestructura para garantizar que la producción se realice con la mayor rapidez posible. Si necesita seguir algunos pasos para implementar, debe realizar uno todos los días. Debe asegurarse de que puede activar una compilación e implementar con solo hacer clic en un botón. Esto eliminará el desperdicio y reducirá el riesgo al tener un proceso repetible. Los humanos cometen errores, pero las máquinas no. En su lugar, realizan cada instrucción que les dice que hagan. Además, las máquinas pueden hacerlo rápido.

También es importante que los desarrolladores adquieran el hábito de observar la calidad del código producido cada vez. Supongamos que el desarrollador está trabajando en un proyecto grande, que no se puede hacer antes de la próxima versión, entonces necesitan alternar su código con características de alternancia. Esto requiere esfuerzo y previsión por parte del desarrollador, pero hay varios beneficios.

La aplicación de funciones de alternancia permite un despliegue completo de funciones incompletas en la producción. La función de alternar permitirá el lanzamiento oscuro de funciones que se pueden aplicar más adelante. También hay algunos beneficios adicionales, como la posibilidad de "apagar" un fragmento de código que se ha publicado recientemente si está defectuoso o no funciona de la forma esperada.

Para entregar el código en producción tan a menudo como sea posible, se elimina la metodología tradicional y manual para garantizar la calidad. Asegúrese de que las pruebas estén automatizadas desde las pruebas unitarias automatizadas a las pruebas de aceptación automatizadas. Una vez que tiene equipos de "probadores" que ejecutan paquetes de prueba de regresión manual no es económicamente posible.

El papel de un probador en el equipo Lean o Agile sigue cambiando. Si considera el proyecto de cascada tradicional, las pruebas solían ser una medida de calidad que debía realizarse antes de pasar al siguiente paso. Cuando un proyecto se entrega con una cadencia alta, el rol del evaluador debe moverse al comienzo del cambio para ayudar a identificar los escenarios perdidos.

Es importante cambiar la cultura de la organización para que pueda haber una entrega rápida. Las organizaciones que tienen una estructura jerárquica y dependen de la metodología de desarrollo en cascada lucharán para avanzar hacia un despliegue rápido. Este es el momento en que el cambio al modelo de desarrollo resulta útil. Un gran principio, "lo construyes, lo ejecutas". Esta metodología da como resultado una visión a largo plazo y se basa en "equipos de productos" en lugar de "equipos de proyectos". Los equipos aprenden cómo colaborar y sus elecciones se canalizan hacia un largo plazo, en lugar de la duración de un proyecto.

Crear el potencial y la capacidad de entrega rápida no puede ocurrir en un solo día. Hay muchas prácticas y herramientas que deben estar presentes para que un equipo funcione en su punto óptimo. Lo mejor de lo que existe es el desarrollo guiado por pruebas, la entrega continua y la integración continua. Aparte de las herramientas y las prácticas, la cultura organizacional debe evolucionar para permitir que esto suceda.

Cómo entregar rápido pensando en lo pequeño
Volvamos ahora a los tres aspectos del desarrollo Agile.

1. Unidades de trabajo más pequeñas.
Es importante asegurarse de tener unidades de trabajo más pequeñas que se puedan generar fácilmente en un solo sprint. En caso de que tus historias sean muy grandes, puedes dividirlas. Existen diferentes

técnicas para ayudar a romper historias. Algunas de esas técnicas incluyen:

- CRUD: Esto representa Crear, Leer, Actualizar y Eliminar. Las cuatro operaciones principales que tienen lugar en un objeto de datos son clave para dividir una historia.

- Los pasos de un flujo de trabajo: en caso de que una historia tenga numerosos pasos en un flujo de trabajo, puede decidir dividir la historia en pasos individuales.

- Criterios de aceptación: en caso de que una historia tenga la mayoría de los criterios de aceptación, puede decidir aplicar los criterios de aceptación como una guía para dividir la historia.

- ANDS, ORS y comas: si tiene una historia que tiene muchos criterios de aceptación, puede aplicar esa aceptación como un medio para dividir la historia.

- Primero el camino feliz. Excepciones posteriores: si agrega todos los casos excepcionales a una historia, la historia será grande, intente dividir el camino "feliz" principal en su propia historia y agregue las excepciones más adelante en las historias.

- Plataformas tecnológicas admitidas: en caso de que la funcionalidad de su historia se ejecute en varias plataformas de destino, puede intentar dividir la historia según la plataforma y dirigirse a la plataforma más frecuente.

Las técnicas de división son tantas, estas son solo algunas de las que puede aplicar. La técnica de división más conocida es la de Bill Wake "Veinte formas de dividir historias".

112

Precaución

A veces es muy tentador dividir historias según la tarea o por capa arquitectónica. No se recomienda utilizar ninguno de estos enfoques y no muchas personas los aplican. Si divide las historias utilizando este enfoque, se concentra en entregar un software completo y listo para producción con cada historia. Por lo tanto, ninguno de los enfoques anteriores puede ofrecer valor a cada historia. No hay valor comercial en el diseño o la interfaz de usuario porque el usuario no puede interactuar con él ni ofrecer comentarios sobre él. Al igual que el dicho: "Puedes comer la mitad de un pastel completamente horneado, pero no puedes comer una torta a la mitad".

2. Menos trabajo en progreso

Esta es otra técnica que puede aplicar para ayudar en la entrega rápida y ayudar a reducir el Trabajo en curso (WIP) de su equipo. La mayoría de las veces, verás equipos que luchan para asegurar que las historias lleguen a la columna Hecho al final de cada carrera, y en la mayoría de los casos, muchas historias están en progreso. La razón principal por la que los altos niveles de WIP pueden llevar a un progreso más lento es que intenta generar tareas múltiples en el lado de los miembros del equipo.

En lugar de incluir muchas historias en progreso que se mueven de una carrera a otra, concéntrese en las historias de menos progreso en el trabajo y apunte a asegurar que alcancen el final. Hay diferentes trucos que puedes aplicar para probar esto:

1. Puede establecer los límites de WIP y no comenzar con nuevas historias hasta que alcance las en progreso y se complete.

2. Una vez que planifique un sprint, asegúrese de planificar el orden de cuándo se trabajarán y entregarán las historias dentro del sprint. Realizar cualquiera de las siguientes acciones le permitirá a su equipo trabajar en conjunto y garantizar que el trabajo se realice antes.

3. Optimizar el rendimiento y no la utilización.

Cuando limita el WIP, a veces experimentará una menor utilización de las personas. Eso está bien. Está bien. No olvide que el objetivo es garantizar que tenga más productos de trabajo fuera de la puerta más rápido y no garantizar que cada persona se encuentre al 100% de utilización. La mejor analogía es hacer uso de todos al 100% +. ¿Qué le sucede a una autopista cuando está al 100% de su capacidad? Lo mismo pasará con los equipos. Puedes imaginarte autopistas. Aquí hay algunas similitudes entre autopistas y equipos.

1. La velocidad real a la que una autopista puede desacelerarse aumenta rápidamente a medida que aumenta la utilización. El tráfico se reducirá más rápido al 80-90%.

2. Una vez que ocurren los incidentes de tráfico, el efecto es aún mayor en los momentos de mayor utilización.

3. Si una autopista está en o alcanza una capacidad máxima, su potencial para hacer frente a lo inesperado disminuye rápidamente.

Los principios anteriores todavía se aplican a los equipos de software, especialmente el tercer elemento. Hay diferentes incógnitas y eventos aleatorios que sucederán. Como resultado, es importante asegurarse de que los planes tengan una mayor holgura para dar cuenta de estos. Si decides centrarte en la utilización más alta, los equipos comenzarán a caer cuando las cosas se agoten. ¿Cuál sería el resultado? El rendimiento del equipo en realidad se ralentizará. Por lo tanto, para "entregar rápidamente", debe asegurarse de concentrarse en el trabajo y asegurarse de que el trabajo se realiza en lugar de mantener a los miembros del equipo ocupados.

¿Cómo pensar en Lean para aumentar la entrega?

Las prácticas ágiles tienden a construir un sistema que limitará el desperdicio al manejar con cuidado los procesos de trabajo de extremo a extremo. Un sistema que describe un mapa de flujo de valor completo que permite a los miembros del equipo visualizar todos los pasos. El tamaño del trabajo en la cola definitivamente describe la relación en el trabajo en progreso, por lo tanto, las organizaciones pueden mejorar las operaciones al limitar el tiempo de espera. Esto también incluirá a todo el equipo en la generación del mapeo de la cadena de valor y el desarrollador puede crear productos y servicios que impresionen al cliente. Si aplica los principios de Lean Kanban en la selección de iniciativas de productos de la cartera, ayudará a eliminar los desechos porque los líderes verifican y priorizan las iniciativas cuando realizan una selección. Por lo general, la organización creará y aplicará un solo registro de producto. Integre los equipos de desarrollo en grupos más pequeños para ofrecer un mejor equilibrio entre las mejoras de los procesos y la entrega de valor de los productos.

Capítulo 7

Design Thinking con Lean

---◆---

En estos días, el lenguaje de negocios se ha mejorado mucho con las metodologías y filosofías que han ganado popularidad en los últimos años. Pensamiento de diseño, Lean Startup y Agile. Cada vez más compañías han continuado aceptando las numerosas oportunidades y beneficios sobre el desempeño del negocio proporcionado por el uso de estas metodologías en todo el proceso.

A pesar de esto, no basta con comprender estas metodologías y los beneficios que aporta en todas las implementaciones. Al igual que con cualquier cosa que exista en la vida, cuantas más opciones tengamos, más difícil será generar sentido de todo. Priorice de manera inteligente lo que funcionará mejor en cada momento y en casos explícitos. Cuando se aplica en el entorno de desarrollo de software, la mayor cartera de procesos, herramientas y métodos del pensamiento de diseño, Agile y Lean Startup ofrecen oportunidades ilimitadas cuando se combinan y explotan.

A primera vista, esto puede considerarse incompatible, solo aplicando los enfoques anteriores durante el desarrollo de numerosos proyectos. Se cree que cada uno de ellos contribuirá a la creación de su propio camino. Una vez que los equipos permanecen abiertos para comprender y abrazar estas prácticas, se conoce el valor complementario.

Bueno, ¿cuál es el fundamento básico de cada metodología y en qué se diferencian y son similares? ¿Cómo pueden encajar para lograr un resultado final y qué parte de la etapa de innovación desarrollan el mayor efecto y ofrecen el mayor valor sustancial?

Combinando Lean, Agile y Design Thinking

Típicamente, las disciplinas son muy diferentes debido a la aplicación de diferentes cadencias, con muchas prácticas y vocabularios que tratan con medidas exitosas.

Un equipo de ingeniería que hace uso de Agile debe centrarse en entregar un código sin errores con regularidad. Lo principal es un aumento de la velocidad en cada carrera. Los gerentes de productos que deciden usar Lean a menudo están interesados en la eficiencia de la construcción, la reducción de desperdicios y los antecedentes tácticos.

No olvide que los diseñadores deciden aplicar el frente del cliente y enfocarse en verificar una solución de problema que se adapte a las actividades de Design Thinking. Sin embargo, hay actividades tales como ejercicios de diseño que se dice que consumen mucho tiempo y ralentizan la producción de un nuevo código. Cada disciplina operará a través de sus propias técnicas y esto puede apuntar a un estado ideal de éxito que sea único para ellas. Este tipo de colaboración compartió cierta comprensión y mejoró la productividad.

¿Implica esto que cada disciplina debe operar de la manera que sea mejor para ellos? No. Sin tener una comprensión clara del cliente, especialmente cuando se trata de Design Thinking, los ingenieros se concentrarán en el envío de las funciones sin tener una idea de si han resuelto las necesidades del cliente.

Con la disponibilidad de diferentes prácticas, inspiraciones y métricas de éxito, es la razón principal por la que a las empresas les puede resultar difícil integrar los procesos y producir un equipo altamente productivo y equilibrado.

Trabajar en ciclos cortos

¿Te imaginas si pudieras entender cómo las personas pueden responder a un cambio específico? Esto se asemeja a hacer una suposición que puede predecir el estado final de cada software. Eso es bastante difícil.

Dado que es difícil decir cómo las personas podrían responder a un cambio dado, hacer este supuesto es muy arriesgado. Para reducir el riesgo que conlleva la implementación de los cambios que fallan, realice pasos pequeños. Este es uno de los principales aspectos de Lean y Agile. Elige una idea y pruébala con un equipo pequeño. Muestre la siguiente práctica como un "Experimento de Proceso". Permítales realizar algunas pruebas y permitirles ver cómo sale. Si falla, esto debería ser una señal para que el equipo invierta poco tiempo y esfuerzo en este tipo de cambio. Sin embargo, si tiene éxito, el equipo tiene la responsabilidad de defender una práctica, mejorarla, y la organización también debe cumplirla.

Realiza retrospectivas diarias.

Las retrospectivas son el centro de una mejora continua. Es uno de los enfoques de tipo más comunes que se utilizan en Agile. Lo principal de las retrospectivas es que brinda a un equipo la oportunidad de considerar la práctica actual, analizar la eficiencia y descubrir cómo progresar. Los equipos que retienen con éxito una retrospectiva realizan mejoras.

Antes de finalizar cada ciclo, motive a sus equipos para que puedan reunirse, revise todo lo que ha funcionado bien en cada ciclo, qué falló, y comprométase a mejorar una o dos cosas. A veces, esto puede parecer aburrido, pero los equipos comenzarán a abrirse y hablarán sobre los principales problemas que están atravesando. Si las cosas no funcionan, permita que los equipos cuenten con un facilitador externo que lleve a cabo estas retrospectivas en particular. Una persona que no tiene nada que perder hará bien en una retrospectiva para identificar las causas fundamentales.

Haga la investigación mínima y más a menudo

La investigación de usuarios existe desde hace tiempo y es una de las herramientas más importantes de los equipos de diseño. Independientemente de lo que vaya a realizar la prueba, debe tener un intervalo de dos días.

Es importante buscar siempre un moderador competente y tener un excelente script de prueba. Esto le ayudará a revisar cada problema dentro de los primeros aspectos de prueba. Por cada aspecto, recibirás un valor limitado.

La investigación del usuario es importante. Se aconseja a uno que lo haga con la ayuda de un equipo multifuncional. Sin embargo, lo más importante a considerar es hacer menos todo el tiempo. En lugar de probar a 12 participantes, solo prueba tres. Elija el aprendizaje de esos tres y luego haga su mejor esfuerzo para probarlo nuevamente en la semana siguiente. Asegúrate de no perderte. Simplemente progrese con el trabajo en la oficina para asegurarse de tener la máxima participación. Lo más importante es que debe mostrar sus conclusiones una vez que complete la prueba. Mostrar el valor del ejercicio, reducir el compromiso de cada participante.

Trabajar como un equipo equilibrado

La principal herramienta a utilizar para planificar el equipo. El equipo en este caso está formado por ingenieros de software, diseñadores y gerentes de producto. Como puede ver, el equipo no tiene un "equipo de ingeniería" o "equipo de diseño" en ningún nivel del proyecto. Un equipo equilibrado debe estar compuesto por expertos y generar perspectivas que sean características importantes de un proyecto.

Una vez que está organizado de la manera anterior, no tiene sentido entrenar a los diferentes miembros del equipo. No existe diferencia en la cadencia del diseño de ingeniería o en la gestión de productos de los equipos equilibrados. Es importante que los esfuerzos coincidan y estén alineados con el objetivo de la entrega.

Priorizar el descubrimiento de productos y trabajar por igual

Una cosa que sucede con muchas organizaciones es que el trabajo visualizado es el trabajo realizado. Agile, en particular, presenta una imagen clara, prácticas y enfoques en torno a la visualización del trabajo. Esta es una de las razones por las que las organizaciones que usan Agile tienen un tipo específico de tableros físicos o monitores.

Agile proporciona apoyo a un aprendizaje continuo. Similar a Lean, Design Thinking se centra en el aprendizaje. Sin embargo, no hay enfoques abiertos o prácticas vinculadas a la visualización del trabajo. Las características de entrega de ágil incluyen visualización, medición e implementación. Por lo tanto, Agile emerge como el ganador debido a las actividades de pensamiento de diseño. El resultado final de este trabajo no recibe el mismo tratamiento que el trabajo de entrega. Pero muestra los esfuerzos y proporciona espacio para que se corte en caso de que se produzca una crisis de alcance. Por lo general, se debe pedir a los miembros del equipo que hagan un seguimiento de su tiempo y energía en la entrega.

Para evitar esto, el trabajo de descubrimiento de productos debe ser el primero en la acumulación. Debe visualizarse junto con las tareas de entrega. Por lo tanto, es importante que uno supervise las tareas de entrega y los impactos del trabajo de descubrimiento deben considerarse seriamente. En la mayoría de los casos, el aprendizaje descubrirá las brechas que existen en el retraso o las malas decisiones tomadas. El proceso de cambiar planes con respecto a este aprendizaje se llama agilidad. Esa es la razón por la que debe aplicar este tipo de trabajo y es el factor principal detrás de la creación de un equipo y una organización receptivos.

Revisar la estructura de incentivos.

Este es un factor crucial para permitir que sus equipos seleccionen la mejor combinación productiva de las tres filosofías. Los equipos tendrán que optimizar las tareas para las cuales están incentivados. Eso significa que si induce la velocidad, el equipo tendrá el deber de trabajar en más características. Por lo tanto, si crea incentivos en el aprendizaje, los equipos crearán mejores productos.

La misma técnica debe aplicarse en la escala de rendimiento de los criterios de gestión de la empresa. Si desea generar una colaboración y aprender, es muy importante si evalúa a los empleados en función de su eficiencia y capacidad para crear un aprendizaje continuo en su trabajo. Por ejemplo, la velocidad solo se recompensa cuando un usuario muestra satisfacción con las características enviadas. Incentivos como estos son muy populares entre los equipos ágiles. Al comprender que su organización pone énfasis en los valores de sus comportamientos, inspira a los equipos a determinar el tipo de ágil, de Design Thinking y Lean que les permitirá encontrar ayuda.

Capítulo 8

Deuda técnica.

————————◆————————

¿Qué es la deuda técnica?

Hay ciertos problemas experimentados en el código que son como una deuda financiera. Eso es de acuerdo con Ward Cunningham, uno de los autores del Manifiesto Ágil. Además, dijo que está bien pedir prestado contra el futuro, siempre y cuando se asegure de pagarlo.

Desde el momento en que Ward usó esta metáfora, ha ganado cada vez más popularidad. Aunque existen desacuerdos sobre la definición correcta de la deuda técnica, el concepto principal identifica una secuencia del problema que la mayoría de los equipos de software se esfuerzan por controlar.

Ward aplicó este término durante el tiempo en que estaba creando una aplicación financiera en Smalltalk. Su propósito era demostrarle a su jefe el tipo de refactorización que estaban realizando, por esa razón, ella adoptó una analogía financiera.

Ward dijo que si no logra que un programa se alinee con lo que usted entiende como correcto significa pensar en los objetos financieros, entonces continuará enfrentándose a un desacuerdo similar al pago de intereses sobre un préstamo.

¿Por qué usar el término deuda técnica?

La idea de deuda técnica es un gran medio para comunicar las necesidades de refactorización y mejora de las tareas asociadas con el código fuente y su arquitectura. Si puede hacer una estimación del tiempo requerido para corregir lo que no es correcto en su código, el concepto de deuda, puede hacer una comparación con otros proyectos de datos.

Qué deuda técnica incluye

Un tipo incorrecto de código puede tener muchos errores y problemas. Esto significa que esto podría estar relacionado con la estructura, arquitectura, cobertura de pruebas, documentación, posibles errores, olores de código, prácticas de codificación y estilo. Todas estas cuestiones afectan la deuda técnica porque tiene un efecto negativo en la productividad.

La deuda técnica puede surgir durante la vida de un proyecto. A medida que el tiempo avanza, es posible que comprenda algo nuevo sobre el dominio de la aplicación. Ahora puedes considerar tu arquitectura inicial Cuando reciba una deuda técnica.

¿Tenemos otros tipos de deuda?

No todos los problemas de proyectos de software son una deuda técnica. Por ejemplo:

- Los defectos identificados no son deudas técnicas. Pero es una deuda de calidad.

- Las características incorrectas o retrasadas no son deudas técnicas sino una deuda de características.

- La ausencia de habilidades no es una deuda técnica, sino una deuda calificada.

- Los procesos deficientes no son una deuda técnica sino un proceso de deuda.

¿Es la deuda técnica algo malo?

Tomar un atajo para lanzar un producto en el mercado para que pueda ofrecer el valor comercial correcto probablemente no sea algo malo. Sin embargo, es importante que una persona sea consciente de que la Deuda Técnica incurrida podría doler tarde o temprano.

En algún momento, el equipo debe tratar de pagar al menos una parte de la deuda técnica acumulada. Son varias formas en las que puedes lograrlo, y no hay ninguna pieza de magia que pueda adaptarse a todas las situaciones. Para que pueda comprender completamente la incidencia y lograr la estrategia correcta, la deuda técnica debe ser analizada y transparente.

¿Cómo se puede analizar la deuda técnica?

No todos los elementos de la deuda técnica son iguales. Para que entiendas la incidencia, es crucial que los analices.

Maneras en que puede manejar la deuda técnica en el código base

Independientemente de lo que esté hablando, "deuda" parece ser una de esas frases sucias para usar. Hay una buena razón para eso, esto es similar a la forma no restringida de gasto que puede llevar a problemas financieros, enfoques de desarrollo de software que pueden generar una base de código hinchada que podría ser manejada por Band-Aids.

Si realiza su propia investigación, encontrará muchas definiciones diferentes y hablará de qué se compone una deuda técnica, pero esto siempre llegará a un punto de acuerdo común. La deuda técnica es uno de los problemas más desafortunados en las tiendas de software.

Hay muchas causas de deuda técnica, desde un desarrollo descuidado hasta una apatía organizativa. Bueno, ¿cómo puede manejar individualmente la presión y muchos otros factores que resultan en una deuda técnica? Los expertos sugieren dos formas de lidiar con la deuda técnica, una es pagarla y evitar que suceda en primer lugar. En ambas incidencias, el éxito depende de la composición de la cultura y el proceso y de toda la organización.

Administrar y pagar la deuda técnica

Si se aprovecha correctamente, la deuda técnica puede ser una herramienta crucial para garantizar que existen realidades y objetivos comerciales. Muchas personas no podrían comprar una casa o un automóvil sin obtener un préstamo, pero las personas que lo hacen correctamente tienen un método para pagar la deuda. El mismo principio se aplica en el software. Si tiene mucho cuidado con su código, es posible que nunca escriba una línea de él. Si usted hace una cantidad razonable de deuda técnica y tiene un plan para pagarla en el futuro, podría ser importante para el éxito del producto general y la organización.

Hay ocasiones en que la deuda técnica podría ser tolerada por el bien del negocio. Las incidencias ocurren cuando los equipos de marfil generan hermosos meses de software de arquitectura y diseño cuando la ventana del mercado ya está cerrada.

Independientemente de eso, incluso las organizaciones que dan un valor estricto a la calidad del software experimentan algo de "deuda técnica". Para domesticar la deuda técnica, es importante tener la administración correcta y pagar la deuda. A continuación hay algunos consejos de expertos para hacer eso:

1. No escondas la deuda técnica debajo de la alfombra.

Si pretende no ver un montón de facturas en su escritorio, eso no significa que no deba el dinero. La peor técnica para la deuda técnica se elige para enterrar su cabeza en la arena proverbial. Nunca debe ignorar la deuda técnica o considerar un tabú o problemas con el ingeniero. En cambio, es importante aceptar la deuda como una oportunidad para mejorar el sistema. Un enfoque que puede aplicar para reducir la deuda técnica es seguir siendo proactivo al elegir la nueva deuda en el código a medida que se genera.

2. Ejecutar procesos y metodologías que sean útiles.

Los procesos correctos y las metodologías de desarrollo son esenciales para gestionar y reducir la deuda técnica. La combinación correcta de procesos de desarrollo debe incluir la capacidad de decidir sobre su deuda técnica en lugar de que suceda por accidente o no saber que se está acumulando. Estos marcos pueden incluir algunas variaciones como:

- Transparencia del negocio en lo que sea que compren por cada liberación contra lo que están depositando en la deuda técnica.

- El concepto de mejora rápida para que haya un medio formal que permita mejorar el estado de las cosas en caso de que la deuda técnica no esté bien administrada.

- Un framework de procesador que obligará a la re-factorización.

- La idea de una "Definición de Hecho" que los equipos utilizan para definir un posible candidato de lanzamiento.

- Proporcionar a los equipos técnicos un asiento en la mesa cuando priorizan el trabajo. Esto permitirá que el equipo técnico sea parte del próximo lanzamiento.

Los marcos, procesos y metodologías crean el entorno adecuado para enfrentar la deuda técnica. Uno de los temas más comunes en los consejos relacionados con la deuda técnica es evitar mover una nueva deuda a un determinado cementerio de seguimiento de fallos en el que nadie tiene dinero para trabajar o realizar un seguimiento.

Prevenir la deuda técnica

A veces, la mejor medicina es prevenir. Esto nunca es fácil pero tiene algunos beneficios. Para evitar generar una deuda técnica, a continuación hay algunos consejos:

1. Cultivar la cultura de la calidad.

Los equipos que están diseñados en base a la cultura de un software integral son más a menudo para evitar que surja deuda técnica. Y una vez que surge, es más probable que sea serio cuando se trata de devolverlo más tarde.

Prevenir la deuda técnica es un efecto secundario de crear una cultura que pone énfasis en la calidad. Una vez que todos empiecen a preocuparse por producir un software de calidad, se evitará la deuda técnica. Este tipo de cultura tiene que moverse a lo largo del organigrama, desde el desarrollador junior al desarrollador senior y superior. Debe permitir la contratación, los procesos y los flujos de trabajo, así como incentivos de desempeño.

2. Educar a actores no técnicos sobre realidades.

Cualquier desarrollador es consciente de que la presión de "envíelo ahora" en la organización puede ser real y, especialmente, cuando una solución de mosaico se sale de la tarjeta de crédito de código base. Por eso es importante tener una conversación abierta y honesta sobre una deuda técnica con miembros no técnicos.

No importa la imagen de su empresa, educar a las partes interesadas sobre una deuda técnica y por qué se supone que deben prestar atención a ella. Esto les hará comprender y apreciar las necesidades de comunicar el impacto comercial de la deuda técnica en términos comerciales que son específicos de un negocio determinado.

3. Implementar procesos y metodologías que ayuden.

Existen diferentes procesos y prácticas que le permitirán a uno abrazar la cultura de la calidad y evitar la deuda técnica. Algunos de ellos incluyen pruebas precisas y automatizadas que cambian el código, desarrollan y se adhieren a un conjunto de estándares de codificación, realizan revisiones de código y programación de pares, y se adhieren a un proceso de control de calidad bien definido.

Capítulo 9

Pruebas automatizadas

———————◆———————

Probar un error es un concepto importante en Lean. Es lo más importante cuando se trata del lanzamiento de un producto de calidad y la eliminación de residuos. Esto es muy cierto en el desarrollo de software debido a la fabricación. Las pruebas automatizadas son un método principal de corrección de errores en el desarrollo de software.

De la misma manera, las pruebas automatizadas son muy importantes en las metodologías ágiles. Es un enfoque ubicuo en la industria del desarrollo ágil que se supone que nadie puede escribir una nueva pieza de código sin realizar algunas pruebas automatizadas. Aunque esto es falso cuando se trata de código heredado, ha habido una oleada de aplicaciones de prueba automatizadas.

Este es un tema amplio, en este capítulo, nos referimos a todo tipo de pruebas. Eso incluye pruebas de rendimiento, pruebas basadas en el comportamiento, pruebas de integración y muchos más.

Cada tipo de prueba tiene un enfoque particular, pero todos comparten las siguientes características:

- Los desarrolladores generan pruebas manualmente.

- Pruebas de funcionamiento del arnés de prueba

131

- Las pruebas pueden ejecutarse automáticamente sin ninguna interrupción.

- El desarrollador es consciente de que algo sale mal.

El desarrollo de software Lean requiere pruebas automatizadas. Es muy importante porque ayuda:

- Calidad de construcción

- Eliminar residuos

- Crea conocimiento.

Con las pruebas automatizadas, los desechos en los sistemas se identifican y eliminan de inmediato. Por lo tanto, no habrá espacio para que los defectos entren en el sistema en las últimas etapas de desarrollo. Dado que las pruebas automatizadas eliminan esta forma de desechos, ayudan a ahorrar costos.

Pruebas automatizadas principalmente apoya la creación de calidad. Una base de código se compone de un conjunto de pruebas automatizadas que se autocomproban y validan. Esto es vital porque reducirá las posibilidades de que se produzca un error de sueño inadvertido en el sistema.

Por último, las pruebas automatizadas funcionan como evidencia para demostrar la forma en que puede utilizar las API del código base. Esto es vital porque ayuda a crear un conocimiento de primera mano en el que los desarrolladores y programadores deben confiar.

¿Por qué prueba?

Hay varias ventajas que vienen cuando elige realizar pruebas automatizadas en su sistema. A continuación se presentan algunos de los beneficios:

Productividad y calidad

La forma más rápida de mejorar su productividad y calidad de software es asegurarse de tener un conjunto completo de pruebas automatizadas. La mayoría de los desarrolladores logran esto a través de experiencias personales y estudios independientes.

En cualquier momento en que un proyecto carece de un conjunto de pruebas automatizadas, los desarrolladores se muestran cautelosos al ejecutar los cambios, especialmente cuando no están familiarizados con el código. Esto significa que en muchas ocasiones, pasarán tiempo aprendiendo el código que se va a cambiar y estudiarán la aplicación del código en todo el código base. Hasta este punto, los desarrolladores sienten que hay algo importante que han pasado por alto. Esto puede agregar tiempo extra al proceso de desarrollo de nuevas características.

En caso de que su proyecto contenga un conjunto de pruebas automatizadas, actuará como una red de seguridad para los programadores. En lugar de pasar la mayor parte del tiempo aprendiendo y entendiendo el código objetivo, el programador puede decidir implementar una gran característica que sea fácil de entender.

Una vez que confíe en agregar más cambios al código sin realizar ninguna investigación adicional, ahorrará una gran cantidad de tiempo. Además, dado que los problemas se identifican y corrigen instantáneamente, usted decide eliminar cualquier retrabajo complejo y costoso que pueda ocurrir en caso de que los problemas se detecten más adelante en el ciclo del proyecto.

Finalmente, si un desarrollador se interesa por aprender cómo funciona un código, no se basará en una documentación detallada porque, según la experiencia, se ha demostrado que este tipo de documentación en particular está desactualizado y es incorrecto. Es por eso que los desarrolladores deben estudiar el código en sí. Las pruebas explicarán cómo se pueden usar las partes del código y cómo se puede probar que están correctas y actualizadas aplicándolas.

¿Qué es la prueba automatizada?

Es importante saber qué es una prueba automatizada y qué no. Por esa razón, no está ejecutando pruebas que se crean automáticamente o son generadas por software que escanea y realiza un análisis del código. Aunque puede referirse a esto como prueba automatizada, no es el tipo de prueba al que nos referimos en este caso. En las pruebas automatizadas, el enfoque está en verificar el comportamiento correcto del código, algo que las herramientas que analizan el código no pueden realizar.

Las pruebas automatizadas garantizarán la capacidad de implementar un conjunto de pruebas con solo tocar un botón. Estas pruebas se crean manualmente, a menudo por los mismos desarrolladores que desarrollan el código que se prueba. Normalmente, el código de repetición que representará el esqueleto de una prueba se producirá automáticamente en lugar del propio código inicial.

Arnés de prueba y suites de prueba

Un conjunto de pruebas describe un conjunto de pruebas relacionadas. Las pruebas en un paquete se implementan, una a la vez, por un software denominado arnés de prueba.

Hay una gran cantidad de arneses de prueba de código abierto disponibles gratuitamente. El más popular es el xUnit. Un arnés de prueba específico suele ser específico para un lenguaje o entorno de programación determinado.

Mientras los ciclos del arnés de prueba se mueven a través de las pruebas a las que va, esencialmente realizará varias cosas. Antes de ejecutar toda la prueba individual, el arnés de prueba le pedirá a la rutina de configuración del conjunto de pruebas que realice una inicialización del entorno donde se ejecutará la prueba. Lo siguiente es ejecutar las pruebas y el arnés de la prueba registrará información sobre el éxito o el fracaso de una prueba. Por último, el arnés le pedirá a la rutina de desmontaje de la suite que limpie la prueba más rápido.

El arnés de prueba mostrará los resultados de todas las pruebas al inicio de las pruebas. Hay ocasiones en que esto puede ser un registro de consola, sin embargo, el arnés de prueba se activa mediante una aplicación GUI que muestra los resultados gráficamente.

En la interfaz gráfica, cuando se ejecuten las pruebas, verá una barra de progreso verde que se moverá hacia el 100% una vez que finalice cada prueba. Esta barra de progreso permanecerá verde siempre que las pruebas tengan éxito. Por otro lado, si las pruebas fallan, la barra de progreso se volverá roja inmediatamente y permanecerá roja incluso cuando se ejecuten otras pruebas.

Capítulo 10

Consejos para el desarrollo de software Lean

———————◆•———————

La eliminación de residuos se origina al descubrir un sistema de software o sus aspectos específicos. Se trata de descubrir lo que quiere el cliente y entregar exactamente lo que pidieron. Esto significa que no pasa tiempo tratando de implementar una funcionalidad que el cliente no solicitó porque no le gustaría eso.

Recortar la grasa utilizando el desarrollo de software Lean

El término lean ha existido desde hace bastante tiempo, pero el concepto de lean se remonta. Los principios lean tienen algún origen en las raíces japonesas. El enfoque fuerte de lean es en el uso eficiente de los recursos disponibles. Esta es una idea importante en todo el proceso de desarrollo del desarrollo de software Lean. La industria manufacturera y automotriz es quizás las áreas más populares donde las personas relacionan la filosofía lean porque Toyota hizo una iniciativa de marketing basándose en esta filosofía particular de Lean.

Interpretar lean

Existen diferentes medios para que una empresa pueda adoptar metodología lean. Una forma es eligiendo eliminar el desperdicio. Si decide comenzar a partir de la idea de que cualquier recurso aplicado en la producción tiene la capacidad de desperdiciarse, puede comenzar a buscar fácilmente áreas donde haya una fuga de recursos. Entonces puedes comenzar a tapar los agujeros allí. Esta idea en particular es similar a las iniciativas de sostenibilidad porque puede decidir aplicarla en cualquier lugar. Sin embargo, las cosas tangibles no son sólo la única área de enfoque. Algunas actividades que no coinciden con el objetivo final para un cliente pueden considerarse un desperdicio en el sistema. Por lo tanto, el estilo de administración y la asignación de capital pueden fácilmente ser objeto de un estricto enfoque una vez que una organización decida inclinarse.

El segundo método para adoptar lean se conoce como "media". Esto funciona basándose en el principio de que el desperdicio surge porque lo estás haciendo mal. Este método se reduce a cada área donde se identifica la mala calidad como la fuente de desperdicio. Esto puede implicar que los individuos rindan cuentas por las decisiones incorrectas, seleccionen un proceso desactualizado con el que las personas se hayan mantenido o incluso resalten un resultado final que no cumpla su promesa. Piense en este enfoque como el primer paso para salir de la adicción. Primero, debe aceptar que hay un problema antes de poder comenzar a buscar métodos que lo ayuden a mejorar. Es muy difícil aplicar este enfoque particular de la gestión Lean si no ha pisado algunos dedos, pero el resultado final puede estar justificado.

Los conceptos Lean cambian al sector tecnológico

Al igual que Scrum se ha hecho cargo de la industria del software y se aplica en un proyecto empresarial, los principios lean se han filtrado en la industria de TI. El desarrollo de software lean es un método que se integra bien con otras metodologías ágiles. Por ejemplo, una forma en que esta técnica funciona para eliminar el desperdicio es haciendo hincapié en un conjunto claro de requisitos para el software. Ese es un campo donde Scrum suele ser débil. Eso significa que cuando combina las mejores prácticas de ambos enfoques, puede terminar con un buen resultado.

Cómo puedes apoyarte en tu próximo proyecto de software

1. Elimine el desperdicio: se trata de identificar las necesidades exactas del cliente y trabajar solo para satisfacer esas necesidades.

2. Mantenga sus opciones abiertas: no se apure y decida demasiado pronto sobre cómo debe lograr un objetivo determinado o desarrollar todo su método en torno a la idea. Esto puede hacer que usted sea improductivo fácilmente si no es cuidadoso. En su lugar, trate de concentrarse en construir un proceso que sea abierto para soportar cambios y mejoras de última hora. De esta manera, podrá ofrecer un producto de calidad al adoptar algunas de las lecciones que ha aprendido en el camino en lugar de volver al primer paso.

3. Eduque al cliente y deje que el cliente lo eduque: el método iterativo de desarrollo de software le permitirá demostrarle al cliente lo que tiene hasta ahora. De esta manera, el cliente tendrá la oportunidad de resaltar cualquier incoherencia entre lo que pensaron y lo que dijeron que querían y lo que escucharon. Teniendo en cuenta eso, para ir lean requiere la provisión de

valor como la forma en que el cliente lo ve. Este tipo de retroalimentación es crítica.

4. Todos deben cooperar y asumir responsabilidades: es difícil inclinarse si hay una gran resistencia por parte de los miembros y gerentes de la organización. Es importante que todos desempeñen un papel activo para garantizar que cada ciclo de sprint sea exitoso. La velocidad se origina en un equipo que se compromete a tomar la iniciativa y asegura que se hagan las cosas. Si no es así, se encontrará atrapado en la burocracia, sistemas jerárquicos que limitarán sus esfuerzos de ir lean.

5. Nunca ignore la calidad: el desarrollo de software Lean requiere que todos los aspectos funcionen bien según lo prometido. Esto es fácil de notar si está implementando técnicas ágiles que podrían colocar primero el acabado de un producto antes de hacerlo correctamente. Si tiene que dedicar más tiempo y recursos a las pruebas, LEAN le recomienda que lo haga. Así es como tocas el corazón del cliente. No olvide que en el mundo actual de rápido movimiento, las personas nunca olvidarán cuando usted entrega un producto de menor calidad. Es por eso que se recomienda que se centre principalmente en la calidad.

Herramientas lean en software

Crea un flujo continuo de una pieza. En los métodos tradicionales de fabricación, el costo se redujo al producir piezas grandes al mismo tiempo. Por el contrario, si optimiza una sola parte del proceso, genera ineficiencias y una disminución general del flujo. Lean aboga por la entrega de una sola parte.

Limitar el trabajo en progreso

Para asegurarse de obtener un flujo de una sola pieza, debe eliminar la multitarea. Por lo tanto, se recomienda a los desarrolladores que trabajen en una cosa a la vez. Bueno, la pregunta surge cuando los desarrolladores quieren entregar el trabajo, pero los evaluadores aún están ocupados.

Desarrollar un sistema de extracción

En lugar de empujar el trabajo al siguiente paso en la cadena, ¿qué hay de tirar de él? Esto requiere que los evaluadores no acepten el trabajo hasta que estén listos. Los desarrolladores en este caso no pueden realizar trabajos, a pesar de que afectarán los límites de trabajo en progreso. Tienen que pensar en cómo pueden ayudar a los evaluadores. La única forma es probarse a sí mismos tal vez escribiendo herramientas o controladores de prueba. En lugar de buscar un cuello de botella y quejarse, puede optar por establecer sistemas para exponer el cuello de botella y solucionarlo, por lo tanto, aumentará el rendimiento.

Mejora el área de trabajo para eliminar movimientos innecesarios.

El mejor ejemplo es el de un trabajador que camina unos pocos pies para recoger una carta, organizarla en cinco bandejas y repetir todo el proceso para una lista completa de correo. En su lugar, puede traer todos los elementos de trabajo a un lugar central y clasificarlos sin caminar.

En software, los objetos son de alguna manera diferentes, compiladores, marcos, bases de datos y control de versiones. Sin embargo, la verdad es la misma. Muchos programadores tienen su código en varios entornos, con sistemas de compilación que llevan mucho tiempo.

Límite de chatarra

Un gran ejemplo de esto es disminuir la cantidad de defectos que desaparecen en la producción. Si puede, también debe evitar que llegue al probador. Aún así, si un probador encuentra un defecto, no tiene más opción que detener, reproducir el problema.

Gestión de Backlog
¿Qué es la gestión de backlog?

Este es el proceso mediante el cual el propietario del producto agrega, modifica y prioriza los elementos de la cartera de pedidos dentro de la cartera de pedidos para garantizar que se envíe el producto más valioso.

Si tiene una cartera de productos de gran tamaño, se convierte en un desafío. Afectará la innovación. Además, también ralentizará el tiempo en el mercado. Por lo tanto, esto causará más frustración incluso cuando tengas los mejores equipos ágiles. Esta sección analizará algunos de los desafíos de tener un atraso de gran tamaño y cómo puede solucionarlo.

Desafíos que vienen con la gestión de backlog

En la configuración de desarrollo ágil, la herramienta principal que se utiliza para controlar la hoja de ruta y construir la previsibilidad es la acumulación. Sin embargo, a medida que crece sin control, el valor que genera disminuye. Cuando tienes un retraso muy largo, se convierte en una fuente de dolor para la mayoría de los equipos ágiles. En virtud del gran nivel de información, será inmanejable e irrelevante. Entonces será dejado atrás. Los equipos cambiarán para reactivar la planificación del sprint. Como resultado, perderán de vista los objetivos establecidos a largo plazo y se encontrarán en un entorno centrado en la tarea. Porque es fácil para uno pensar en lo que debe hacerse ahora que en lo que puede hacer en el futuro. Un atraso excesivamente masivo tiene sus propios desafíos.

Costos de mantenimiento: La ceguera a las colas es una realidad. Las colas conducen a un mayor costo, donde cada elemento llamará continuamente para que siga siendo válido. La creación de una acumulación de grasa puede parecer una tarea muy grande que significa que se omite. Por último, esto hará que todo el trabajo pendiente quede obsoleto.

Reducción de valor: todos los productos en la acumulación de decenas de miles de productos parecerán insignificantes. Si agrega un nuevo elemento, aparecerá sin sentido. En caso de que los trabajos pendientes se vuelvan muy grandes, se convertirán en una papelera donde dejará todo el trabajo que desea hacer.

Innovación inhibida: reorganizar un gran atraso lleva tiempo y es muy aburrido. Como resultado, se agregan grandes ideas en la parte frontal o hacia el final de la acumulación. Si coloca elementos al principio, simplemente está invalidando el resto del trabajo acumulado, mientras que agregarlos hacia el final significa que nunca se hará.

¿Por qué es que el tamaño de los trabajos pendientes se vuelve demasiado grande?
Con los siguientes problemas en mente, podemos ver qué causa el trabajo acumulado se convierte en demasiado grande. La verdad es que no hay una sola razón o causa, sino que es una combinación.

Acaparamiento: Por naturaleza, los humanos nacen acaparadores. Nos cuesta mucho tirar cualquier cosa, especialmente ideas brillantes. El objetivo de mantener el trabajo acumulado no es saber qué debe fluir, sino decidir qué debe fluir.

Información necesaria: existe este tipo de creencia de que mantener un ojo en todo a nivel granular proporciona una gran idea sobre el alcance. Sin embargo, al igual que responder a los cambios es importante en el desarrollo de software ágil y lean, cuanto más lejos en el futuro tengamos planes, menos seguros estarán. Por lo tanto, la granularidad debería emular eso.

Solución de dependencia: cuando no es realmente ágil, tendrá dificultades para resolver las dependencias en el futuro. Para seleccionar cadenas de dependencia, debe desglosar los elementos

144

grandes en sus componentes para ayudarlo a limitar los objetivos en tareas. Esto causa un doble efecto negativo en la calidad del trabajo acumulado.

Primero, construirá el globo de acumulación. En segundo lugar, implica que no todos los atrasos serán impulsados por valores y, en cambio, se centrarán en qué tipo de trabajo realizar.

Hacer que el backlog sea magro

A continuación, se incluyen algunos consejos para mejorar el tamaño de su acumulación.

1. Tomar en serio el papel del propietario del producto.

Esto debería tener una persona, ni más, ni menos, que debería ser responsable por el retraso en cada carrera. Esencialmente, esta persona también debe ser responsable de un solo trabajo pendiente del equipo. Esta persona debe contar con tiempo suficiente para mantener el trabajo acumulado junto con el equipo y las partes interesadas externas. La persona debe tener conocimiento sobre el producto y desarrollar autoridad para tomar decisiones importantes dentro de la acumulación sin incluir a otras partes.

2. Limitar el proceso de diseño.

Un buen punto de partida es comenzar en el inventario de Diseño en Proceso. Lo que debe hacer aquí es establecer un límite para mostrar cuántos elementos pueden estar en la acumulación. No hay un solo tamaño que se ajuste a todos. Sin embargo, el mejor punto de partida sería un tamaño por propietario de producto (PO). Debido a que una orden de compra a menudo es responsable de un retraso, la capacidad de una orden para supervisar la información es el punto de limitación.

3. Tomar una decisión sobre cómo gestionar la acumulación

Desarrolle una estrategia simple y abierta de cómo desea controlar su acumulación de pedidos e involucre a su equipo en el proceso. El propietario del producto tiene la clave para mantener el trabajo acumulado, pero no son los únicos que contribuyen a la visión. Todos los integrantes del equipo tienen la responsabilidad de contribuir y participar regularmente en el proceso para garantizar que el retraso se mantenga fresco. Para que esto funcione, se supone que todos deben tener una comprensión básica del retraso, ya que esta es la visión del producto.

4. tomar decisiones

Aprenda a abstenerse de cualquier idea que surja en su mente, manténgala en su mente y si continúa ahí después de una semana, valdrá la pena la acumulación.

5. Trabajar con una idea que envejece.

Es posible que un trabajo atrasado y un trabajo atrasado del equipo se dividan en diferentes etapas donde el diseño en proceso límite puede ser más difícil cuanto más cerca están de la implementación. El enfoque más fácil sería comprometer una parte de la acumulación a nuevas ideas y otra parte que esté bien preparada y restringida en tamaño. Proporcione las ideas en un límite de edad para que las que no tienen prioridad desaparezcan con el tiempo para evitar inundar esta parte. Una vez que la idea se traslada a la siguiente parte, se mostrará un compromiso por parte de la OP de que este concepto se implementará eventualmente.

Conclusión

———◆———

Los procesos de desarrollo de software Lean se han realizado en todo el mundo. Esto se debe a que es el mejor enfoque cuando se quiere eliminar el desperdicio en el desarrollo de software. Es aceptado por el mundo por su rápido desarrollo. Si se enfoca en la solución que genera la metodología Lean, ayudará a eliminar el desperdicio en el sistema y su proceso de desarrollo de software puede ser productivo. En este libro, debería haber llegado a la conclusión de que el desarrollo de software lean es uno de los mejores métodos para utilizar cuando se trata de la eliminación de desechos en el producto. Además, ayuda en la detección temprana de desechos y mejora la visualización del proyecto. Una vez que se identifica el desperdicio, se otorga prioridad a cómo puede eliminarse más sus causas. Las causas pueden incluir código adicional, trabajo parcialmente hecho y muchos otros.

La metodología Lean es la mejor para las nuevas organizaciones de nueva creación y los nuevos empresarios que desean manejar nuevos proyectos y evitar retrasos innecesarios en los procesos iniciales.

Dado que la solución empresarial actual es compleja, las llamadas prácticas lean que son adaptables al cambio y que responden son las mejores para el desarrollo de software. Sin embargo, es importante para las organizaciones y las empresas de TI tener en cuenta qué métodos Lean son importantes para la empresa o para proyectos específicos.

Si cree que aprendió algo valioso a través de este libro, deje un comentario en Amazon, será muy apreciado. Mucha Suerte.